Elke Leger

Wie Kinder Werte lernen

HERDER spektrum

Band 5347

Das Buch

Wir leben in einem gesellschaftlichen Klima, in dem Werte immer weniger Bedeutung haben – die Rede vom „Werteverlust" macht die Runde. Vor allem Kinder sind von dieser Entwicklung betroffen: So haben Studien etwa ergeben, dass im Alltag von Kindern und Jugendlichen „Bagatellgewalttätigkeit" zunehmend normal ist. Eltern wissen: Ohne ein moralisches Rüstzeug, ohne das Wissen darum, was richtig und was falsch ist, werden ihre Kinder es schwer haben, in einer Welt, die immer weniger äußere Verbindlichkeiten bietet, ihren Stand zu finden.

Wie lassen sich bei Kindern Verantwortungsgefühl, Aufrichtigkeit, soziale Kompetenz, kurz: moralisch integres Verhalten fördern? Zum Beispiel indem Eltern sich bewusst machen, worauf es für sie ankommt im Leben und Werthaltungen vorleben, jeden Tag und ohne großen Aufwand. Kinder lernen zu einem erheblichen Teil aus dem, was sie bei anderen beobachten: auch dann schon, wenn sie selbst noch zu klein sind, um „moralisch" zu handeln. Wenn Kinder Sicherheit und Halt in der Familie erfahren, haben sie es leicht, Regeln und Normen zu verinnerlichen. Wo Kinder bestärkt werden in dem, was sie können und dem, was sie – als Einzelne – ausmacht, können sie Selbstbewusstsein und geistige Unabhängigkeit gewinnen. Und wo Eltern Kindern ein Gefühl vermitteln dafür, dass andere nicht immer ebenso denken und fühlen wie man selbst, entwickeln sich Einfühlungsvermögen und Toleranz. All das schafft die Basis für den „inneren Kompass", das Urteilsvermögen, das zeigt, wo es langgeht und hilft, die richtigen Entscheidungen zu treffen: auch dann, wenn Medien, Schule und Freundeskreis der Kinder an Einfluss gewinnen.

Die Autorin zeigt, wieviel „Moral" Eltern – je nach Alter – von ihren Kindern erwarten können. Sie gibt Anregungen dazu, wie man Kindern ein Gespür für Regeln und Grenzen, aber auch ein großes Herz vermittelt. Und sie macht Mut, die eigenen Zweifel und Unsicherheiten zum Anlass zu nehmen, Kinder zu lehren, dass auch Unvollkommenheit ein Wert ist. Anregungen für eine Erziehung, die Kinder zu integren, „ganzen" Menschen werden lässt – mit Herz und Verstand.

Die Autorin

Elke Leger ist Psychologin, Journalistin und Mutter von zwei Kindern. Sie war viele Jahre verantwortliche Redakteurin bei der Familienzeitschrift „spielen und lernen" und arbeitet heute als freie Journalistin und Buchautorin.

Elke Leger

Wie Kinder Werte lernen

Ein Buch für Eltern

HERDER

FREIBURG · BASEL · WIEN

Gedruckt auf umweltfreundlichem,
chlorfrei gebleichtem Papier
Originalausgabe

2. Auflage

www.herder.de
Satz: Rudolf Kempf, Emmendingen
Herstellung: fgb · freiburger graphische betriebe 2006
www.fgb.de
Umschlaggestaltung und Konzeption:
R·M·E München / Roland Eschlbeck, Liana Tuchel
Umschlagmotiv: © Picture Press
Foto der Autorin: © Norbert Speicher
ISBN-13: 978-3-451-05347-4
ISBN-10: 3-451-05347-0

Für meine Kinder Florian und Sonja

Inhalt

Vorwort

Wie groß war das Entsetzen bei allen Eltern und professionell Erziehenden, als im April 2002 in Erfurt ein Jugendlicher grausam zerstörte, was ihn leiden ließ: seine Lehrer, seine Mitschüler, sich selbst. Die ganze Welt, so scheint es, löschte er damit für sich aus. Eine Welt, in der er nicht zurechtkam.

Schnell wurde in den Medien nach Ursachen und Gründen gesucht, und auch die privaten Gedanken schlichen sich automatisch in diese Richtung: Eine solche Zerstörungswut muss ihren Anlass wohl in einer unglücklichen Kindheit haben. Lernte dieser junge Mensch nie, was Mitleid ist? Kannte er keine Achtung vor dem Leben? Lehrte ihn niemand, mit Frustrationen umzugehen?

Ein solcher Kurz-Schluss ist sicher nicht richtig. Zu komplex ist eine Biographie, auch eine so kurze wie die des jungen Täters von Erfurt, als dass vorschnell ein Zusammenhang zwischen Ursachen und Wirkung gesucht werden könnte. Die moderne Psychologie geht sogar davon aus, dass die Erfahrungen in der Kindheit die weitere Biographie weitaus weniger beeinflussen als früher angenommen wurde. So schreibt etwa die Psychologin Ursula Nuber in ihrem Buch „Der Mythos vom frühen Trauma“: „Wir sind nicht dazu verurteilt, unser Leben lang an den uns einst zugefügten Wunden zu leiden. (...) Traumatisierende Ereignisse haben nicht zwangsläufig eine langfristige negative

Wirkung, mitunter können sie sogar einen konstruktiven, kreativen Wert haben." Eine Entlastung für Erziehende, die selbstkritisch feststellen, dass sie nicht immer zum Besten ihrer Kinder handeln können: Jedem gehen ab und zu die Nerven durch, und nicht jedem Kind kann eine Trennung seiner Eltern erspart bleiben. Gut zu wissen, dass nicht alle negativen Erfahrungen zwangsläufig zerstörerische Spuren hinterlassen.

Und doch: Wenn die Basis für ein glückliches und selbstbestimmtes Leben fehlt, hat es jeder ungünstige Einfluss leicht, in der Persönlichkeit Fuß zu fassen. Die Seele braucht ein solides Fundament, um im Leben nicht zu zerbrechen – eine Basis, die so stark ist, dass negative Erfahrungen bewältigt werden können. Diese Basis besteht aus liebevoller Zuwendung. Und aus der Vorbereitung aufs Leben, mit einer Werteskala, die fest in der Persönlichkeit verankert und als Richtlinie ein Leben lang abrufbar ist.

Nur: Welche Werte braucht ein Kind als Rüstzeug für sein Leben?

Wie einfach war es früher, gut von böse, moralisch von unmoralisch zu unterscheiden. Die Religion bot ebenso Orientierung wie die Traditionen und Rituale es taten. Eng war oft dieses Moralkorsett, starr und unflexibel, voller Vorurteile und rigider Verhaltensmaßregeln. Auch daran sind Seelen zerbrochen.

Heute haben wir die schwierige Aufgabe – und die große Chance –, eine Neudefinition von Moral und Werten zu versuchen. Eine Definition, die dem Individuum Raum lässt und trotzdem Halt gibt, die der heutigen Zeit angepasst ist und Flexibilität erlaubt. Dieses Buch möchte Ihnen dabei

Unterstützung geben, Denkanstöße liefern und Diskussionsgrundlage sein, ohne fertige Rezepte präsentieren zu wollen. Denn jede Familie ist einmalig, jedes Kind ein einzigartiger Mensch. Und die Werte, die wir einem Kind mitgeben, müssen sich an seiner Lebenssituation messen und trotzdem fest genug sein, um als Lebensfundament dienen zu können.

Mehr als je zuvor machen sich Eltern heute Gedanken über die Inhalte ihrer Erziehung und über die Art und Weise, wie sie mit ihrem Kind umgehen. Markus (38 Jahre, Vater eines Sohnes) meint zum Beispiel:

„Es ist sehr schwierig, Kindern heute Werte mitzugeben, die man für wichtig hält. Die Einflüsse durch die Medien und auch durch die Freunde sind so enorm groß. Da muss man schon sehr eindeutig und bestimmt in der Erziehung sein, um diesen Einflüssen etwas Positives entgegenzusetzen.

Viele Eltern machen sich, glaube ich, gar nicht die Mühe, ihre Kinder bewusst zu erziehen. Wenn ich mich im Freundeskreis meines Sohnes umschaue, ist es teilweise erschreckend, wie innerlich verwahrlost diese Kinder aufwachsen, auch in so genannten ‚guten' Familien. Die werden eher von dem Fernseher erzogen als von ihren Eltern.

Erziehung macht ja auch mehr Mühe, als das Kind vor dem Fernseher zu parken oder in den Laden zu gehen und etwas zu kaufen, mit dem sich das Kind ruhig stellen lässt. Viele der Kinder, die ich so kenne, sitzen lustlos in ihren vollgestopften Kinderzimmern und langweilen sich zu Tode. Ich meine: Ein ganz wichtiges Erziehungsziel ist das Entbehren-Können. Darum bin ich knickerig beim Kauf von Spielsachen und auch beim Taschengeld. Ich denke, Konsum und Besitz sind sozusagen Anti-Werte. Für wichtig halte ich dagegen, dass mein Sohn seine Fantasie entwickeln kann und mit seiner Zeit etwas anzufangen weiß. Statt ihm ständig etwas zu kaufen, verbringe ich lieber meine freie Zeit mit ihm. Manchmal veranstalten wir ein Papa-Sohn-Wochenende und fahren mit Rucksack und Zelt irgendwo hin, nur wir beide. Davon hat er sicher mehr, als wenn er einsam in einem mit Spielzeug vollgestopften Kinderzimmer sitzen würde.“

Gaby (39 Jahre, Mutter von drei Kindern) sagt:

„Ich versuche authentisch zu sein in meinem Erziehungsstil. Ich glaube, dass das die einzig richtige Art und Weise ist, den Kindern Werte zu vermitteln: Beispiel zu sein. Perfekt bin ich nicht, nein, aber welcher Mensch ist schon perfekt? Manchmal bin ich ziemlich schlampig, kann auch fürchterlich faul sein. Ich hoffe, dass meine Kinder sich diese negativen Seiten nicht unbedingt zum Vorbild nehmen. Aber im Großen und Ganzen bin ich ganz zufrieden mit mir und nehme an, dass die Kinder von meiner Persönlichkeit etwas Brauchbares für ihre eigene Persönlichkeit übernehmen können. Ehrlichkeit zum Beispiel. Ich lasse mein Portemonnaie bewusst offen auf dem Tisch liegen, und bisher hat sich noch keines der Kinder daraus bedient. Ich habe meine Kinder auch nie angelogen – bis hin zur manchmal krassen Offenheit. Als meine Ehe in die Brüche ging, habe ich mit den Kindern – sie waren damals vier, sieben und elf Jahre alt, ganz offen darüber gesprochen, dass der Papa und ich ganz große Probleme miteinander haben und dass ihr Vater in Zukunft woanders wohnen wird. Schlimme Einzelheiten der Trennung habe ich ihnen natürlich erspart, sie aber doch einbezogen in das Trennungsproblem. Sie hätten es ja doch mitbekommen, aber sonst das Gefühl gehabt, dass über ihre Köpfe hinweg etwas passiert, über das sie nur spekulieren können.

Die Kinder danken mir diese Ehrlichkeit mit ebenso großer Ehrlichkeit von ihrer Seite. Ich glaube nicht, dass eines von ihnen mich anlügt oder etwas Wichtiges verschweigt. Sie wissen: Sie können mit allem zu mir kommen. Dieses Gefühl der Sicherheit halte ich für sehr wichtig."

Und Patrick (26 Jahre, zwei Kinder):

„Als die Kinder kurz nacheinander geboren wurden, habe ich mir überhaupt keine Gedanken über die Erziehung und über Werte und das alles gemacht. Ich war ja selbst noch sehr jung und froh, den Alltag einigermaßen geregelt zu bekommen und die Familie durch meinen Beruf als IT-Fachkraft ernähren zu können. Aber in letzter Zeit mache ich mir doch Sorgen darüber, in welche Welt meine Kinder hineinwachsen. An jedem Kiosk diese Sex-Magazine, im Fernsehen der ganze Schrott, der auf die Kinder einwirkt ... Ich versuche, sie von solchen Einflüssen fernzuhalten, aber irgendwann werden sie ja doch damit konfrontiert. Unsere Große ist seit einiger Zeit im Kindergarten, und auch da gibt es schon Einflüsse, die ich nicht gut finde. Ein Mädchen ist da, das mit seinen Markenklamotten prahlt und nur mit denen spielt, die auch in Markenklamotten rumlaufen. Das ist doch schlimm! Ich habe mit meiner Tochter geredet und ihr versucht zu erklären, dass das keine richtige Freundin sein kann, auch wenn sie noch so beliebt ist. Richtige Freundschaft ist doch etwas ganz anderes: für den anderen da sein, mit ihm richtig spielen können, sich Geheimnisse anvertrauen, das ist doch Freundschaft.

Ich versuche seit einiger Zeit auch, den Kindern ein gutes Vorbild zu sein. Wenn ich mich zum Beispiel mit meiner Frau streite, achte ich darauf, fair zu bleiben und überlege, was ich sage. Früher habe ich eher mal losgepoltert ohne groß nachzudenken. Aber wenn ich weiß, dass die Kinder den Streit mitbekommen, bin ich vorsichtig, denn das Verhalten ihrer Eltern prägt ja die Kinder. Ich glaube, dass Kinder ihre Eltern ganz gut erziehen: Man beginnt, über sein Verhalten nachzudenken und verhält sich dann auch bewusster.

Vielleicht haben Sie sich in der einen oder anderen Äußerung wiedererkannt; vielleicht geht es Ihnen auch anders. Fest steht: Was wir unseren Kindern mitgeben, richtet sich vor allem nach unserer eigenen Werteskala, nach dem, was uns wichtig und richtig erscheint. Das zunächst für uns selbst herauszufinden ist der erste Schritt: Orientierung zu suchen, uns selbst auf den Prüfstand zu begeben und Antworten zu verlangen. Denn mit dem Kopf allein zu erziehen ist unmöglich; unser Herz muss dabei sein. Werte, die wir als abstrakte Begriffe weiterzugeben versuchen, werden nicht ihren Weg ins Herz des Kindes finden. Kinder beobachten sehr genau und empfinden sensibel. Sie merken schnell, was ihren Eltern wirklich wichtig ist. Und sie brauchen in den ersten Lebensjahren mehr Herz als Verstand.

Kinder verstehen

Von Lügnern, Dieben und Streithammeln

- Die Mutter ist ratlos. Marie ist so ein liebes Mädchen, freundlich, hilfsbereit, fröhlich. Und schon so vernünftig. Und jetzt? Ihr Frühstücksbecher liegt zerbrochen auf dem Boden. „Wie ist denn das passiert?", fragen die Eltern, und Marie berichtet von einem fremden Kind, das hereingekommen ist und den Becher auf den Boden geworfen hat. Maries Eltern machen sich Sorgen: Ist ihre fünfjährige Tochter auf dem Weg, eine Lügnerin zu werden?

- Immer wieder schleppt Sebastian Dinge nach Hause, die ihm nicht gehören. Nach dem Besuch beim Kindergarten-Freund eine Harry-Potter-Figur, aus Omas Wohnung die kleine Kerze aus der Vitrine, und vor ein paar Tagen hat er aus dem Schrank seiner Mutter sogar das bunte Halstuch gemopst. Durch Zufall fand sie es unter seinem Bett. Sebastians Eltern reden ein ernstes Wort mit ihrem Sohn, haben aber das Gefühl, dass er sein Fehlverhalten nicht so recht einsieht.

- Wie Hund und Katze sind die beiden Geschwister. Armin und Sarah streiten sich, wann immer sie zusammen sind. Aggressiv und gemein kommt ihrer Mutter dieses Verhalten vor. Und sie steht hilflos vor so viel geballter destruktiver Kraft, möchte gern schlichten und kann es nicht und würde manchmal am liebsten ihre Kinder umtauschen. Gegen ein liebes, pflegeleichtes Geschwisterpaar.

- Als Sarahs Mutter noch ein Kind war, musste sie in der Straßenbahn aufstehen, wenn ein Erwachsener keinen Platz fand. Sie lernte „Danke“ zu sagen, wenn sie etwas bekam und „Bitte“ wenn sie sich etwas wünschte. Und ihre Tochter Klara? Klara sagt trotzig „Nein!“, wenn sie um etwas gebeten wird, und zu ihrer Mutter manchmal „blöde Mama“. Bestrafen will die Mutter ihr Kind nicht für sein freches Verhalten. Aber sie ist unsicher: Soll sie das durchgehen lassen?

Lügen und stehlen. Aggressiv, unhöflich oder mitleidlos - wenn wir Erwachsenen das Verhalten unserer Kinder an unserer Werteskala messen, sind wir oft erschrocken. Ist unser Kind auf dem besten Weg, auf die schiefe Bahn zu geraten? Wie können wir entgegen steuern? Und dann werden Strafen verhängt: Fernsehverbot für das nächste Wochenende, Taschengeldentzug ...

Lügt ein Kind bei Rollenspielen?

Doch es ist kein Zeichen von krimineller Energie, wenn ein Kind noch nicht so handelt, wie es sich die Eltern wünschen. In ein Wertesystem muss das Kind erst hineinwachsen, allmählich seine Erfahrungen machen, muss die Reaktionen auf sein Handeln kennen lernen, seine Schlüsse daraus ziehen. Mit dem Lügen etwa, so fanden Wissenschaftler bei neuen Untersuchungen heraus (Human Nature, Bd. 13, S. 239 und 269, 2002, zitiert in der Süddeutschen Zeitung Nr. 221, Seite V2/9), zeigt das Kind, dass es seine Gedankenwelt von der der anderen Menschen abgrenzen kann. Wenn ein Kind mit etwa vier Jahren zu „lügen“ beginnt (alle Kinder tun dies!), zeigt es damit seine Fähigkeit, sich in die Gedankenwelt seines Gegenübers zu versetzen. Es hat eine Vorstellung davon entwickelt, dass andere Menschen anders denken als es selbst, muss ahnen, was der andere ihm glauben könnte. Jüngere Kinder meinen, alle Menschen würden dasselbe denken wie sie selbst. Erst das etwa Vierjährige beginnt, seine Gedanken als getrennt von denen anderer zu erleben. Es entwickelt das, was Psychologen eine „Bewusstseinstheorie" nennen.

Nicht zufällig fällt die Zeit des ersten Lügens in die Hoch-Zeit der Rollenspiele: Das Kind versetzt sich in andere Personen, ahmt sie nicht nur nach, sondern schlüpft in ihre Persönlichkeit. Vater-Mutter-Kind: Mit Puppen, Teddys, dem Dackel von nebenan und allen greifbaren Personen spielt das Kind nach, was es in seinem Alltag erfährt. „Und jetzt wär ich wohl der Vater und hab keine Zeit, weil ich die Zeitung lesen muss ..." Aufmerksame Eltern sehen sich oft gespiegelt in diesen Spielen, die so offenherzig zeigen, wie das Kind seine Umwelt erlebt. Ist es Lügen, wenn ein Kind in eine fremde Rolle schlüpft, in ihr mit seiner ganzen Persönlichkeit aufgeht? Ist es Lügen, wenn es sich in das Denken seines Gegenübers hineinversetzt und ausprobiert, ob der so reagiert, wie es das vermutet? Die kreativsten Kinder sind die, die lügen, dass sich die Balken biegen.

Vertrauen und Verständnis

Lügen, stehlen und die ganze Palette negativer Verhaltensweisen – es fällt schwer, in ihnen etwas Positives zu sehen. Und doch sollten Sie es versuchen. Denn um erwünschte, sozial verträgliche Denk- und Verhaltensweisen anzunehmen, braucht das Kind das sichere Gefühl, ganz und gar geliebt und verstanden zu werden. Ein Kind, das ständig die Botschaft empfängt, nicht „richtig" zu sein, wird seine Seele zu schützen versuchen, indem es sich verschließt, und irgendwann nicht mehr erreichbar sein.

Das erzieherische Fundament in den ersten Lebensjahren des Kindes muss also Verständnis sein – und Vertrauen in die positiven Ressourcen, die das Kind mit auf die Welt gebracht hat. Das bedeutet nicht, alles durchgehen zu lassen und unerwünschtes Verhalten gar zu belohnen. Eltern sollten ihrem Kind klar begegnen, wenn es etwas getan hat, das es besser nicht hätte tun sollen. Aber das große Entsetzen über „Untaten" ist bei kleinen Kindern noch fehl am Platz. Für die Eltern kann es enorm erleichternd sein, wenn sie wissen, dass Verfehlungen bei kleinen Kindern keine kriminelle Energie bezeugen, sondern in gewissen Entwicklungsphasen ganz normal sind. Oder, bei größeren Kindern, eine Ursache haben, die es herauszufinden gilt.

Alles meins!

Das Stehlen etwa kann viele unterschiedliche Gründe haben. Je jünger ein Kind ist, desto weniger kann es zwischen „mein" und „dein" unterscheiden. Ein Kleinkind versucht die Welt kennen zu lernen, und das kann es nur, indem es so tut, als sei alles seins. Es erlebt die Welt, indem es sich alles Greifbare zu eigen macht: „Meins!" Es greift nach seiner Umgebung, um sie zu begreifen. In seinem Verständnis ist es eins mit seinen Eltern und seiner Umgebung. Noch hat es keinen Begriff vom „Du", geschweige denn von Besitz und Eigentum. Den Satz „Das gehört dir doch gar nicht" kann es nicht verstehen.

Und später? Im Vor- und Grundschulalter wächst das Kind erst ganz allmählich in das Wertesystem der Erwachsenen hinein. Es weiß schon, dass es Dinge gibt, die ihm gehören und Dinge, die ihm nicht gehören. Aber manchmal muss es sich etwas nehmen, das ihm gut gefällt.

Sebastian aus unserem Beispiel nahm Dinge von Menschen, die ihm viel bedeuten: vom Freund, von der Großmutter, von der Mutter. Ein Stück Nähe zu diesen Menschen brachte er damit in sein Zimmer. Die Spielfigur des Freundes ist besetzt mit Erinnerungen ans gemeinsame Spiel und symbolisiert gleichzeitig die Identität des Freundes, den Sebastian so gern mag. Das Stück aus der Vitrine der Großmutter repräsentiert die geliebte Oma - sie ist so für den Jungen immer ein Stück weit anwesend. Und das Tuch der Mutter? Wenn er in seinem Zimmer spielt, greift er immer mal nach dem Tuch, schnuppert daran und hat mit dem Duft seine Mama ganz nah bei sich.

Es gibt Kinder, die stehlen, weil sie sich mit Süßigkeiten oder anderen Dingen Anerkennung unter ihren Freunden verschaffen wollen. Und Kinder, die stehlen, weil sie Aufmerksamkeit brauchen, nach dem Motto: Besser negativ auffallen als gar nicht. Manche Kinder stehlen, weil sie jemanden bestrafen möchten: Ihre Aggression sucht sich dadurch einen Weg. So viele Gründe für dasselbe „Vergehen"! Und jeder dieser Gründe verlangt von den Erwachsenen Verständnis.

Die kleinen Chaoten

Miriam baut einen Turm aus Duplo-Steinen, und Marco tritt ihn kaputt. Die Erzieherin versammelt ihre Schützlinge zum Frühstück - nur Marco fehlt: Er kritzelt gerade lieber mit einem schwarzen Filzstift auf einem Stück Papier herum. Als die Gruppe nach dem Mittagessen auf den Spielplatz geht, möchte kein Kind mit Marco auf die Rutsche steigen, denn er drängelt und schubst und schimpft, wenn es ihm nicht schnell genug geht. Als die Mutter Marco nachmittags abholt, dauert es hingegen eine Ewigkeit, bis er seine Siebensachen zusammen hat: Die Mütze liegt im Badezimmer, von den Handschuhen steckt einer in der Anorak-Tasche, der andere wird nach langem Suchen unter der Bank ausfindig gemacht. Als die Mutter endlich gehen will, hat Marco noch keine Lust: „Blöde Mama!", schreit er, rennt in den Malraum und hält die Tür zu. „Blöde Mama!" Ist Marco böse? Hat er keinen Begriff von dem, was richtig ist und was falsch?

Kinder wie Marco gibt es scheinbar immer häufiger: Kinder, die nervös und überaktiv durchs Leben hetzen, die sich nicht konzentrieren können, die extrem ungeschickt und aggressiv sind. Vor Jahren entbrannte in der Fachwelt ein Streit über die Ursachen. Sind solche Kinder nur schlecht erzogen? Sind Lebensmittel-Zusatzstoffe wie Phosphate die Auslöser? Macht der Genuss von Zucker die Kinder zappelig? Oder ist ihr Problem auf eine Störung im Gehirn zurückzuführen? Die genauen Ursachen sind nach wie vor ungeklärt, doch die Wissenschaftler sind sich sicher: Bei einer Reihe von Kindern gibt es tatsächlich messbare organische Veränderungen im Gehirn, die für ihr Verhalten verantwortlich sind: Die Ausschüttung des Botenstoffes Dopamin, der die Verarbeitung von Reizen steuert, ist bei diesen Kindern gestört. Ob es allerdings zu viel oder zu wenig Dopamin ist, das die Reizverarbeitung durcheinander bringt – darüber streiten sich noch die Experten.

Der Fachausdruck für die organisch bedingte übergroße Nervosität heißt „Aufmerksamkeits-Defizit-(Hyperaktivitäts-) Syndrom", kurz ADS/ADHS. Eine Möglichkeit, diesen Kindern – und deren Eltern – zu helfen, sehen Ärzte in der Gabe von Medikamenten mit dem Wirkstoff Methylphenidat; es ist als Medikament unter den Namen „Ritalin“ und „Medikinet“ auf dem Markt. Tatsächlich können sich viele dieser Kinder stärker konzentrieren und kommen besser mit anderen zurecht, wenn sie ein solches Medikament einnehmen: Es wurde beobachtet, dass sie dadurch ruhiger, geschickter und sozial angepasster sind. Kritiker dieser Therapie befürchten allerdings schlimme Nebenwirkungen, denn sie greift in die Stoffwechselvorgänge im Gehirn ein und steht im Verdacht, als Spätfolge den Ausbruch der Parkinsonschen Krankheit zu begünstigen („Das späte Zappeln des Zappelphilipp“, Seite „Wissenschaft“, Süddeutsche Zeitung vom 11.12.2001).

Man schätzt, dass etwa vier Prozent aller Kinder von ADHS betroffen sind – Jungen dreimal häufiger als Mädchen. Und immer mehr Methylphenidat-Medikamente werden den Kindern verschrieben: Im Jahr 2000 nahmen fast 14-mal so viele Kinder diese Medikamente ein wie im Jahr 1993. Kritische Ärzte sehen das mit Sorge. „Es wird viel zu häufig ohne solide Diagnostik zum Rezeptblock gegriffen – auch von Kinderärzten“, meint etwa der Kinder- und Jugendpsychiater Peter Riedesser, Universitätsklinikum Hamburg-Eppendorf (ebenda).

Die Diagnose des ADHS ist selbst für erfahrene Ärzte nicht einfach. Bis heute gibt es keine objektiven und zuverlässigen Testverfahren. Zudem ist „hyperaktives“ Verhalten nicht eindeutig interpretierbar: Auch ein besonders aufgewecktes oder hoch begabtes Kind kann einen „hyperaktiven“ Eindruck machen, weil es ständig in Bewegung ist und seiner Familie und den Freunden auf die Nerven geht. Oft verlassen sich die Mediziner auf die Aussagen der Mütter, die in die Sprechstunde kommen. Aber: Wenn man Mütter fragt, ob ihr Kind „hyperaktiv“ sei, antworten 40 Prozent von ihnen mit ja, aber nur in einem Prozent der Fälle stimmt diese Einschätzung mit der von Ärzten und Lehrern des Kindes überein. (Quelle: Internet, Autor H.-R. Schmidt)

Eltern und Ärzte neigen dazu, nach körperlichen Ursachen zu suchen, wenn ein Kind sich unangepasst und „schwierig" verhält, schlecht lernen kann und unter Konzentrationsstörungen oder großer seelischer Labilität leidet. Das ist verständlich, denn ein solches Kind kann seine Eltern zur Verzweiflung treiben. Und es leidet selbst unter seinem Verhalten, denn überall eckt es an, Freundschaften bestehen - wenn überhaupt - nur kurze Zeit, es bekommt ständig ein negatives Feedback statt Anerkennung. Doch ausschließlich nach körperlichen Ursachen zu fahnden und den bequemen Weg einer Therapie durch Medikamente zu wählen, sorgt vielleicht für eine Abschwächung der Symptome, lässt aber die psychischen Bedürfnisse des Kindes außer Acht. Ob psychische Probleme nun Auslöser des Verhaltens der kleinen Chaoten sind oder ob sie entstanden sind, weil das Kind durch eine körperliche Störung die Welt anders wahrnimmt als andere Kinder und ständig negative Erfahrungen macht - auf jeden Fall ist die Psyche beteiligt und braucht Hilfe. Darum sollten Eltern betroffener Kinder sich nicht scheuen, professionelle Hilfe in Anspruch zu nehmen und mit ihrem „schwierigen" Kind eine Erziehungsberatungsstelle aufzusuchen (Kontaktadressen finden Sie im Anhang).

Was ADHS-Kinder brauchen

Aus sich selbst heraus, so scheint es, wissen Kinder mit ADHS nicht, was richtig ist und was falsch. Ein Kind, das sich problemlos entwickelt, lernt allmählich durch die Reaktionen seiner Eltern und anderer Erwachsener, sein Verhalten einzuschätzen und so zu agieren, dass es einigermaßen glatt durchs Leben kommt. Ein ADHS-Kind dagegen kann ganz offensichtlich die vielen Reize und Informationen, die ihm begegnen, nicht sortieren und darum nicht angemessen einschätzen und umsetzen. Das Durcheinander in seinem Kopf verhindert, dass das Gelernte abrufbereit ist und dass neue Erfahrungen auf den bereits gemachten Erfahrungen aufbauen. Was wichtig und was unwichtig ist, kann es nicht sortieren. Seine Persönlichkeit ist scheinbar ohne Strukturen, grenzenlos aufnahmebereit für alle Reize. Vollkommen überfordert ist es durch das ungefilterte Angebot an Eindrücken. Wenn ein ADHS-Kind schreibt, zeigt es deutlich seine Unfähigkeit, Gedachtes in Form zu bringen: Die Buchstaben sind wackelig, sie tanzen auf dem Papier, halten weder Form noch Größe noch Linien ein.

Klare, eindeutige Strukturen brauchen diese Kinder ganz besonders. Denn sie sehnen sich danach, Grenzen zu erleben, die ja nicht unbedingt Einschränkung bedeuten, sondern vor allem Orientierung schenken. Darum ist Regelmäßigkeit und alltägliche Routine ein wichtiger Bestandteil im Umgang mit einem solchen Kind. Ein verlässlich gegliederter Tagesablauf mit festen Aufsteh-, Essens-, Spiel-, Arbeits- und Zu-Bett-Geh-Zeiten schafft die nötige zeitliche Begrenzung. Klare, unmissverständliche Botschaften und konsequentes Verhalten der Eltern geben dem Kind Sicherheit. So etwa, wenn das Kind ausrastet – und das ist bei ADHS-Kindern häufig der Fall: Formulieren Sie kurze, schlichte Sätze, wie etwa: „Ich möchte, dass du jetzt ...“. Sehen Sie ihr Kind dabei an. Wenn Sie merken, dass die Worte Ihr Kind nicht erreichen, suchen Sie Körperkontakt: Berühren Sie das Kind leicht an der Hand, der Schulter oder am Rücken. Wiederholen Sie Ihre Bitte einige Male mit den gleichen ruhigen Worten. Sprechen Sie eine Konsequenz aus, die das Handeln des Kindes mit sich bringen wird: „Wenn du nicht damit aufhörst, mit dem Stock um dich zu schlagen, werde ich ihn dir wegnehmen." Und dann tun Sie es, auch wenn das Geschrei groß ist. Einschätzbar und verlässlich müssen die Eltern mit ihrem Kind umgehen. Eine feste Persönlichkeit seiner Eltern, verbindliche Gesetzmäßigkeiten und Eindeutigkeit im Handeln schenken dem Kind Stabilität.

Auf fühlbare Zuneigung der Eltern sind ADHS-Kinder besonders angewiesen. So viele frustrierende Erfahrungen haben sie schon machen müssen in ihrem Leben, so viel Kritik und offene Ablehnung erfahren sie an jedem Tag. Das kann ein gehandicaptes Kind seelisch krank machen. Jedes Kind braucht Bestätigung, um voranzukommen, es will gelobt und akzeptiert werden, nur so kann es sich gesund entwickeln. Was die Mitwelt dem Kind, das „anders" ist als die anderen, an Zuwendung versagt, müssen die Eltern wettmachen. Dadurch, dass sie ihr Sorgenkind innerlich annehmen. Indem sie sein „Anderssein" nicht als Defizit erleben, sondern als eine Abweichung vom regelhaften Verhalten. Indem sie ihm die nötige Aufmerksamkeit schenken und indem sie das Vertrauen in ihr Kind behalten und fest daran glauben, dass es seinen Weg im Leben finden wird.

Jedes Kind ist wunderbar

Die Leiterin eines Kindergartens berichtet: „Wenn ich die Eltern frage, wie sie ihr Kind charakterisieren würden, dann höre ich: Sebastian hängt seine Jacke nie richtig auf. Sarah ist so schusselig und unkonzentriert. Paul kann nicht gut malen. Myriam ist so schüchtern."

Warum sind Eltern geneigt, die kleinen Fehler oder Unzulänglichkeiten in den Vordergrund zu stellen anstatt der Vorzüge, der Einzigartigkeit, der liebenswerten Seiten ihres Kindes? Jedes Kind hat ein riesiges Spektrum an positiven Eigenschaften, und sie sind es, die gesehen und gefördert werden müssen.

Darum: Sehen Sie Ihr Kind durch die rosarote Brille. Achten Sie auf seine liebenswerten Seiten, überbewerten Sie seine Unzulänglichkeiten nicht, nicht nur in Ihrem Verhalten, sondern auch in Ihrer Wahrnehmung: Stellen Sie seine liebenswerten Seiten in den Mittelpunkt Ihres Denkens und Fühlens. Zeigen Sie ihm immer wieder, dass Sie es lieb haben, so wie es ist. Jedes Kind bringt eine Persönlichkeit mit auf die Welt, die nur ihm allein gehört. Und jede dieser Persönlichkeiten ist es wert, dass man sie bewundert und achtet. Mit allen Unzulänglichkeiten.

Ein Kind, das sich angenommen und geachtet fühlt und mit positivem Selbstbild in der Welt steht, bleibt offen für Ihre Einflussnahme. Ein Kind dagegen, dem seine Unzulänglichkeiten ständig präsentiert werden, sperrt seine Seele zu und bewahrt trotzig die negative Spiegelung seines Selbst in sich auf. Womöglich sein Leben lang.

Streit muss sein

Für alles Verständnis haben – ist das nicht zu viel verlangt? „Die Grenzen der Pädagogik sind unsere Nerven", schrieb einmal ein Vater in einem Zeitschriften-Bericht über seinen Familienalltag. Natürlich: Eltern sind keine Erziehungsroboter, und bekanntlich können Kinder unsere Nerven auf eine harte Probe stellen. Beim ständigen Streit unter Geschwistern etwa: So gern würden wir schlichten und versagen dabei in den meisten Fällen. Ein solcher Zwist geht ganz besonders unter die Haut. Denn ein ganz fester Wert, den wohl jeder bei der Gründung einer Familie verwirklicht sehen möchte, ist ein harmonisches Miteinander. Und dann stehen die Eltern hilflos neben den Gefühlsausbrüchen ihrer Kinder - ratlos, enttäuscht.

Streit unter Geschwistern ist eine der schwersten Bewährungsproben, denen wir Eltern ausgesetzt sind. Streit ist laut und klingt aggressiv, und es scheint uns, als lägen wir da mit uns selbst im Clinch. Die Beteiligten sind doch unser eigen Fleisch und Blut, und wenn das uneins ist - das tut weh. Kämpfen, siegen, unterlegen sein ... Das klingt nach Krieg, und den wollen wir in unserer Familie nicht haben. Die Nachrichten machen genug Angst mit ihren Berichten aus den Krisengebieten. Wenigstens zu Hause soll Frieden herrschen.

Aber ist es wirklich Krieg, der da zwischen unseren Kindern tobt? Ist es Zerstörungswut, Menschenverachtung, der Drang nach Triumph, der die Kinder aneinander geraten lässt? Nein, sagen Psychologen und Pädagogen: Streit unter Kindern muss sein; die Auseinandersetzung gehört zum gesunden Entwicklungsprozess. Denn ein Kind schleift seine Individualität, indem es sich an seiner Mitwelt misst, es braucht diese Form der Abgrenzung und Standortbestimmung.

Was aber sollen Eltern tun, wenn der Kampf tobt? Zu schlichten, gerecht zu urteilen, kann nicht gelingen, wenn die Kinder wild und leidenschaftlich ihren Standpunkt verteidigen. Je mehr sich die Eltern in solche Streitigkeiten einmischen, umso eher werden die Kinder das unbefriedigende Gefühl haben, ihre Angelegenheiten nicht allein geregelt zu bekommen und immer wieder die Auseinandersetzung suchen. Denn sie wollen ja lernen, sich sozial zu verhalten. Auch wenn sie zur Mutter oder zum Vater laufen, sich heftig über den Kontrahenten beschweren und um Beistand bitten: Solche kleinen Triumphe sind dann nur ein momentaner Sieg, aber keine wirkliche Bestätigung. Verständnis haben heißt in diesem Fall also nicht, sich zum Schiedsrichter zu machen. Sondern den Kindern Raum zu geben für ihre Auseinandersetzungen, sich herauszuhalten aus dem Streit, sofern er nicht gewalttätig oder allzu ungleich ist.

Sprache kann verletzen

Und die kleinen Rebellen, die immer anecken und alles andere als brav sind? Ein Kind, das wir als unhöflich oder aggressiv empfinden, ist anstrengend und vor anderen Leuten peinlich. „Tim denkt gar nicht daran, danke zu sagen, wenn ihm jemand etwas schenkt", erzählt eine Mutter. „Und im Kindergarten ist er ein schlimmer Rabauke. Manchmal würde ich ihn am liebsten an die Wand klatschen ...". Ein verräterischer Satz, den viele Eltern gedankenlos aussprechen, wenn sich ihr Kind nicht so verhält, wie sie sich das wünschen. Ein solcher Ausspruch und die dazugehörigen nicht verbalen Botschaften – ist es da ein Wunder, dass das Kind in sich keine Harmonie fühlen kann? Dass es die Ablehnung, die es durch die wichtigsten Personen in seinem Leben erfährt, nach außen leiten muss?

Das Fühlen prägt die Sprache, und die Sprache wiederum beeinflusst die Gefühle. Kinder sind sehr sensibel für das Fühlen, Denken und die Körpersprache ihrer Eltern, und sie werden leicht verletzt durch gedankenlos daher gesagte Äußerungen. Verbieten Sie es sich, schlecht über Ihr Kind zu reden, sei es in seinem Beisein oder dann, wenn es nicht dabei ist. Nehmen Sie sich vor, über Ihr Kind nur noch Gutes zu sagen – es wird sich auswirken auf Ihr Denken und Empfinden. Und das wiederum überträgt sich auf Ihr Kind. Manche vermeintlichen Unzulänglichkeiten lösen sich von selbst auf, wenn man sie nicht immer und immer wieder thematisiert.

Fazit: Die Basis für Werte, die Sie Ihrem Kind mitgeben möchten, ist in den ersten Lebensjahren Verständnis, Vertrauen in seine Kompetenz und bedingungslose Liebe.

Wann kann ein Kind „moralisch" handeln?

Lisa ist ein knappes Jahr alt. Zu gern räumt sie die Bücher aus dem Regal der Eltern, reißt Seiten heraus, stopft sich die Papierfetzen in den Mund und hat sich dafür schon so manchen Klaps eingefangen. Inzwischen reicht ein strenger Blick von der Mutter, und Lisa macht einen großen Bogen um das Bücherregal. Handelt Lisa „moralisch"?

Nichts ist einem kleinen Kind so wichtig wie die Zuneigung seiner Eltern. Alles setzt es daran, ihnen Freude zu machen und für sein Tun gelobt zu werden. Und umgekehrt: Es vermeidet alles, von dem es merkt, dass es seinen Eltern nicht gefällt. Mit moralischem Handeln aber hat das noch nichts zu tun. Denn der Sinn seines Tuns ist einem Kind in diesem Alter noch nicht klar. Es handelt so, wie sein Entwicklungsstand ihm das vorschreibt: Es ist grenzenlos neugierig auf die Welt, will sie mit seinen Händen begreifen, mit seinem Mund erfahren. Jedes gesunde Kind handelt so wie Lisa: Nichts ist vor ihm sicher, alles will erforscht werden. Ein Klaps oder eine andere Bestrafung für ein unerwünschtes Tun konditioniert das Kind; es verbindet sein Handeln bald mit der Angst vor der Hand der Mutter und verhält sich so, wie es sich verhalten soll. Mit Einsicht oder Verstehen hat das allerdings nichts zu tun. Lisa etwa hat gelernt, dass sie die Bücher im Regal nicht ausräumen soll, aber sie kann noch kein Verständnis dafür aufbringen, dass es Dinge gibt, die ihr nicht gehören. Auch nicht dafür, dass sie mit ihrem Handeln etwas zerstört. Denn sie muss so handeln: In ihrem Alter muss sie alles anfassen, untersuchen, sich aneignen. Nur so kann sie die Welt kennen lernen. Eine Strafe für ihr Tun vermittelt Lisa nur: „Ich darf nicht ...", und wenn Lisa all zu oft dieses Gefühl von „Ich darf nicht" spürt, wird sie es verinnerlichen und ihre unbefangene Neugierde verlieren, die sie später in der Schule dazu braucht zu lernen.

Für geeignete Rahmenbedingungen zu sorgen ist besser als zu strafen. Die Bücher der Eltern können eine Weile in unerreichbarer Höhe verschwinden. Alle gefährlichen Stellen in der Wohnung, wie Steckdosen, die Kochplatten auf dem Herd, die Schubladen mit den spitzen Messern, können gesichert werden. „Aber das Kind muss doch verstehen, dass es nicht an alles drangehen darf ..." Nein, dass muss und kann es nicht, wenn es noch klein ist.

Auch älteren Kindern, die ein „Richtig" schon vom „Falsch" unterscheiden können, fällt es oft noch schwer, gegen ihre momentanen Wünsche und Bedürfnisse zu handeln. Psychologen haben getestet, inwieweit Kinder in der Lage sind, ihre Bedürfnisse nicht auszuleben bzw. aufzuschieben. Die Wissenschaftler legten Süßigkeiten und Spielsachen auf einen Tisch und versprachen dem Kind eine Belohnung, wenn es die ausgebreiteten Schätze nicht nehmen würde. Die Ergebnisse dieses Tests: Wenn die Kinder allein gelassen wurden, war die Versuchung oft zu groß, ebenso, wenn die

Objekte der Begierde in Sichtnähe lagen - das war auch bei Schulkindern häufig noch der Fall. Und noch eine interessante Erkenntnis gewannen die Psychologen: Gut gelaunte Kinder konnten eher darauf verzichten, nach den Schätzen zu greifen als Kinder, deren Stimmung eher schlecht war (tps - Theorie und Praxis der Sozialpädagogik, Ausgabe 3/2002, Seite 11).

Mit Zuckerbrot und Peitsche - Belohnung und Bestrafung - können Kinder also sehr wohl Wohlverhalten lernen. Moralisches Handeln lernen sie so allerdings nicht. Allenfalls dessen Vorstufe.

Nach Ansicht Sigmund Freuds bleibt die Angst vor Strafe oder negativen Reaktionen die Triebfeder für das Gute im Menschen: „Das Böse ist anfänglich dasjenige, wofür man mit Liebesverlust bedroht wird; aus Angst vor diesem Verlust muss man es vermeiden." Im Erwachsenenalter tritt dann, so Freud, das Gewissen, das „Über-Ich" an die Stelle der elterlichen Autorität. „Wir kennen also zwei Ursprünge des Schuldgefühls, den aus Angst vor der Autorität und den späteren aus der Angst vor dem Über-Ich." (Sigmund Freud: Grenzen des Glücks und die Entstehung des Gewissens, aus: das Unbehagen in der Kultur)

Zu der Zeit, als Freud seine Erkenntnisse niederschrieb, waren die gesellschaftlichen Gegebenheiten ganz andere als heute. Die Pädagogik bestand aus Strafe und Einschüchterung, die gesellschaftlichen Werte waren streng und dogmatisch. Kann es nicht andere Motive geben, „gut" zu sein, als die Angst vor Liebesentzug?

„Wenn du nicht brav bist, dann ...“

Wenn ein Kind sich nicht so verhält, wie die Eltern sich das wünschen, ist in vielen Familien das berühmte „Wenn ... dann“ zu hören. „Wenn du nicht aufräumst, dann gehen wir nicht in den Zirkus.“ Oder: „Wenn du deinen Teller leer isst, dann bekommst du die neue Bibi-Blocksberg-CD.“ Oder irgend ein anderes „Dann“. Für ein Kind ist eine solche Drohung oder Lockung unverständlich, denn es gibt keinen direkten Zusammenhang zwischen der Aufgabe, die von ihm verlangt wird, und der angekündigten Strafe oder Belohnung. Das Kind wird sich vielleicht einschüchtern lassen und tatsächlich seine Siebensachen ordentlich wegräumen, aber welche Wirkung hat das – außer einem aufgeräumten Zimmer an diesem Tag? Im Gegenteil: Wenn Eltern allzu häufig mit Bestrafung drohen oder mit Belohnung ködern, wird das Kind das eigentliche Ziel seiner Aufgabe aus den Augen verlieren und sie nur erledigen, um der Strafe zu entgehen oder belohnt zu werden.

Verstehen kann ein Kind allerdings die Konsequenz, die mit seinem Handeln zusammenhängt: Wenn es seinen Tisch unordentlich hinterlässt, dann kann die Mutter mit ihm morgen nicht die Laterne basteln. Wenn es vergisst, seinen Ranzen zu packen, wird ihm in der Schule garantiert etwas Wichtiges fehlen. Und wenn das Kind die getragene Kleidung auf dem Boden herumliegen lässt, anstatt sie in den Wäschekorb zu befördern, dann dauert es eben noch eine ganze Weile, bis das Lieblingskleid wieder gewaschen im Schrank hängt.

Viel wirkungsvoller als Drohungen oder Versprechungen sind darum die Konsequenzen, die das Kind aus seinem Handeln selbst erfährt. Das bedeutet für die Eltern, nicht immer als rettende Engel dem Kind zur Seite zu stehen, wenn es sich selbst ein Problem geschaffen hat. Sondern genug Geduld und Nerven zu haben, um abzuwarten, bis das Kind die Konsequenzen spürt.

Natürlich ist das nicht auf alle Situationen anwendbar. Bei einem Kind, das mitten im Winter im Unterhemd in den Garten laufen will, können wir nicht auf die Lehre der Konsequenz hoffen, denn die könnte in einer Grippe oder Lungenentzündung bestehen. Einem Kind, das uns fürchterlich nervt, weil es eine Viertelstunde lang die Türklinke quietschend herunterdrückt, ist mit der Konsequenz seines Verhaltens auch nicht beizukommen, denn das Geräusch stört uns und nicht das Kind. Und wenn das Kind sich im Auto partout nicht anschnallen lassen will, wir es aber eilig haben und dringend wegfahren müssen, haben wir einfach keine Zeit für pädagogisch wirkungsvolles Konsequenz-Training. In diesen Fällen hilft nur der Griff in die pädagogische Trickkiste: die Ablenkung. Ein neues Bilderbuch, ein Blatt Papier und ein paar Stifte, ein gemeinsam gesungenes Lied, ein Anruf bei der Oma, eine Spielidee ... Für pädagogisch anspruchsvolleres Verhalten ist dann wieder Gelegenheit, wenn wir genügend Zeit und Nerven haben.

Woher kommt das „Gewissen"?

Menschen verfügen - vermutlich anders als alle anderen Lebewesen - über eine soziale Kontrollinstanz, die wir als „Gewissen" bezeichnen. Es sorgt dafür, dass wir im Sinne der sozialen Gemeinschaft handeln, es kontrolliert unser Fühlen, Denken und Tun. Ohne Gewissen hätten wir vielleicht keine Achtung vor dem Leben anderer; wir würden Kunstwerke zerschlagen und kein Schamgefühl kennen. Das Gewissen signalisiert uns die Grenzen für unser Tun.

Ganz allmählich entwickelt sich beim Kind dieser Kontrollmechanismus. In den ersten Lebensjahren ist er eng mit den Erwartungen und Beurteilungen der Eltern verknüpft.

„Lieber Gott, was für einen Zweck hat es, brav zu sein, wenn es niemand sieht?" Diese ganz ernste und fast schon philosophische Frage stellt Markus in dem Buch „Neue Kinderbriefe an den lieben Gott" (vgl. Literaturverzeichnis). Er spricht damit aus, wie Kinder „gut" und „böse" interpretieren: als eng an die Wünsche und Vorstellungen der Eltern geknüpfte Handlungsanweisungen. Gut ist, wofür ich belohnt werde, böse ist, was den Erwachsenen nicht gefällt. Und wenn es niemand sieht und darauf reagiert – dann schwebt das Handeln des Kindes unbeantwortet im Raum.

Die Kommunikation zwischen Eltern und Kind ist darum ein wichtiger Faktor für die Persönlichkeitsbildung: das Wahrnehmen dessen, was das Kind tut, fühlt und denkt. Und die Antwort der Erwachsenen darauf in Mimik, Gestik und Worten. Nichts ist schlimmer für ein Kind als das Gefühl, nicht wahrgenommen zu werden. Um Werte und soziales Verhalten üben zu können, braucht das Kind ein Feedback auf sein Tun. Seinem Alter entsprechend nutzt es solche Reaktionen für die Entwicklung seiner Persönlichkeit.

Viele Theorien und ein Ergebnis

Vor mehr als hundert Jahren führte der amerikanische Psychologe Lawrence Kohlberg Langzeitstudien durch, in denen er über zwanzig Jahre hinweg die Entwicklung derselben Personen vom Kleinkind bis zum Erwachsenen beobachtete. Aus seinen Beobachtungen zur moralischen Entwicklung erdachte er ein Sechs-Stufen-Modell, das unter

Psychologen heute noch weitgehend anerkannt ist. Die sechs Stufen der moralischen Entwicklung sind nach Lawrence Kohlberg:

- Das Kleinkind ist gehorsam gegenüber Autoritäten, um negative Reaktionen zu vermeiden.
- Im Grundschulalter wissen Kinder, dass es richtig ist, fair miteinander umzugehen und „gerecht" zu sein.
- Etwa ab neun oder zehn Jahre schließt sich das Kind Cliquen an; es verinnerlicht die Grundzüge sozialen Verhaltens: Erwartungen gerecht zu werden und Regeln einzuhalten.
- Im Teenager-Alter sieht sich das Kind als Teil der Gesellschaft, es will sich an gesellschaftliche Regeln halten und etwas zum Ganzen beitragen.
- Die grundsätzlichen Verträge und Werte der Gesellschaft werden von Jugendlichen akzeptiert und Widersprüche – etwa in einer bestimmten Staatsform – als falsch erlebt. Nach Kohlberg deutet diese Entwicklungsphase auf Reife und „Erwachsensein" hin, denn nun ist das Motiv nicht der persönliche Vorteil, sondern die davon abgelöste Theorie von „richtig" und „falsch", von „gut" und von „böse".
- Auf der sechsten Stufe der moralischen Entwicklung schließlich werden ethische Prinzipien so weit verallgemeinert, dass sie als Vorbild für alle Menschen dienen sollen. Diese letzte Stufe, so erkannte Kohlberg, gibt es nur bei äußerst wenigen Menschen; selbst Erwachsene erreichen diese ethisch hoch entwickelte Stufe nur in Einzelfällen.

Natürlich hat sich nicht nur Lawrence Kohlberg mit der Moralentwicklung und der Ausbildung des Gewissens beschäftigt. Viele Philosophen und Psychologen versuchten

Erklärungen zu finden für die Entstehung eines inneren Werte-Maßstabs des Menschen. Jean-Jacques Rousseau etwa ging von der Tatsache aus, dass das Kind von Natur aus gut ist. Es unterscheide instinktiv zwischen gut und böse und verliere erst durch die Zivilisation seine natürliche Tugend. Die Psychoanalyse, die sich an den Theorien Sigmund Freuds orientiert, geht dagegen davon aus, dass das Kind neutral, ohne Bewusstsein für Werte wäre, würde es nicht die Normen seiner Eltern übernehmen. „Über-Ich" nennt die Psychoanalyse das Gewissen und sieht dieses Über-Ich in der Konfrontation zwischen dem „Es", dem Triebhaften im Menschen, und den Forderungen der für das Kind wertvollen und bewunderten Eltern reifen. Wenn solche Forderungen nicht gestellt werden und die Eltern jedem Konflikt mit dem Kind aus dem Weg gehen, sei die Ausbildung des Über-Ich nicht möglich.

Der Behaviorismus, ein Bereich der Psychologie, der das Verhalten des Menschen ausschließlich als Reaktion auf äußere Reize versteht, begründet wiederum das moralische Empfinden als angelernt: Das Gewissen ist nach Ansicht der Behavioristen ein Produkt von Lob und Strafe, es entsteht nur, weil der Mensch Unannehmlichkeiten in Form von Strafen vermeiden und Befriedigung in Form von Lob erhalten möchte.

Für Jean Piaget, den großen Kinderpsychologen des vergangenen Jahrhunderts, ist die Auffassung von Gut und Böse untrennbar mit dem Menschsein verknüpft. Nach seiner Auffassung sucht sich das Kind aus eigenem Interesse Normen und Regeln, da es sie für sein seelisches Gleichgewicht braucht. Mit interessanten Beispielen erklärt Piaget die verschiedenen Stufen der ethischen Reife. Zum Beispiel fand er heraus, dass Kinder im Grundschulalter noch nicht zwischen der Absicht und dem Handeln unterscheiden. Für sie zählt nicht, ob jemand aus guten oder schlechten Beweggründen handelt, sondern allein das Ergebnis. Piaget berichtet von einem Experiment: Kindern im Grundschulalter wird die Geschichte von John und Henri erzählt. Henri hat heimlich genascht und dabei eine Tasse zerbrochen. John hilft seiner Mutter beim Abwaschen und zerbricht dabei fünf Tassen. Auf die Frage, wer unartiger war, antworteten die Kinder: John, weil er mehr Tassen zerbrochen hat. Dass beide Jungen aus unterschiedlichen Motiven gehandelt haben, ist für die beurteilenden Kinder nicht von Belang.

Werte – was ist das?

Ist Moral noch zeitgemäß?

„Als die sieben Todsünden sind sie in Verruf: Geiz, Neid, Hochmut, Zorn, Völlerei, Wollust und Faulheit. Doch ihren schlechten Ruf tragen sie zu Unrecht, denn in ihnen steckt jede Menge Power und Vergnügen. Wir sagen Ihnen, wie Sie lustvoll und erfolgreich sündigen." Die Frauenzeitschrift, die diesen Text als Einstieg zu einem Artikel unter dem Titel „Du darfst" veröffentlichte, zeigt anschließend anhand der Todsünden, wie jede von ihnen zum lustvollen Erlebnis umgepolt werden kann („Herrlich dekadent kann sich die Faulheit anfühlen ...").

Solche provokanten, vielleicht auch witzig gemeinten Botschaften spiegeln die brutale, unsensible Seite unseres Zeitgeistes. Genau wie es Fernsehsender tun, die ihre Quoten mit den Missgeschicken der Menschen machen oder die Leute als lächerliche Witzfiguren ins Messer laufen lassen. Ganz klein und dumm und wie hinter dem Mond beheimatet fühlt sich da der Mensch, der seine Werteskala in sich trägt und sie an seine Kinder weitergeben möchte. Wozu das alles? Die Kinder wachsen doch in eine Welt hinein, in der Werte nichts mehr zu gelten scheinen. Lohnt es sich überhaupt, ihnen Werte vermitteln zu wollen, wenn die Medien mit all ihrer Erziehungsmacht doch in eine ganz andere Richtung laufen und unsere Kinder unweigerlich mitziehen werden? Verunsichern wir unsere Kinder nicht sogar, wenn sie im Elternhaus so ganz andere moralische Maßstäbe lernen als jene, die ihnen später begegnen werden oder ihnen sogar jetzt schon vertraut sind? Sollten wir nicht unser Wertegehabe über Bord werfen und locker zusammen mit unseren Kindern abwarten, wohin sich der Mainstream entwickeln wird?

Was ist gut und was ist böse?

Laissez-faire - alles einfach treiben lassen - diese Gefahr ist heute groß, denn das Wertegerüst der Erwachsenen wankt und schwankt und findet kaum noch Halt. Das Beste möchten wir unseren Kindern mitgeben und wissen doch selbst nicht, was das ist. Sind es die Tugenden, die auch Hitler für sein Weltbild vereinnahmt hatte: Fleiß, Ordnungsliebe, Treue, Gehorsam ...? Suspekt kommen uns heute diese Tugenden vor. Und das besondere deutsche Erbe schwappt in die Erziehung hinein.

Ende der 60er-Jahre setzte sich die damals jungen Generation mit den missbrauchten Werten ihrer Eltern auseinander. Eltern und Erzieher stellten erstmals die hergebrachte Pädagogik radikal in Frage. All die überlieferten Werte wirkten nun einerseits verstaubt und andererseits latent gefährlich. Die Erziehungskonzepte wurden umgekrempelt: Die freie Entfaltung der Kinder stand nun an oberster Stelle. Kinderläden, in denen die Kleinen selbstbestimmtes Handeln üben sollten, lösten die betulichen Kindergärten der unmittelbaren Nachkriegszeit ab. Kritik und Renitenz waren wichtig geworden, sie traten an die Stelle der Tugenden, die wenige Jahre zuvor menschenverachtend missbraucht worden waren. Zu kritischen, selbstbestimmten Individuen wollte die Pädagogik der 60er-Jahre die jungen Menschen erziehen - und raubte vielen von ihnen die notwendige

Orientierung, indem sie an die Stelle der alten Werte keine neuen setzte.

Über dreißig Jahre sind seitdem vergangen. Einiges ist übrig geblieben aus der Kinderladen-Zeit, und es ist nicht das Schlechteste: Wir nehmen unsere Kinder ernst. Akzeptieren sie als Gesprächspartner. Gestehen ihnen ihren eigenen Kopf zu und versuchen, sie mit Argumenten anstatt mit Schlägen auf den Weg zu bringen, der uns als der richtige erscheint. Aber was für eine schwierige Aufgabe ist das! Was sollen wir den Kindern mitgeben: Durchsetzungskraft oder solidarisches Handeln? Das Ansammeln von Reichtum oder das Abgeben an die Hungernden? Freude am Konsum oder Bescheidenheit? Geschicktes Taktieren oder absolute Ehrlichkeit? Wie sollen wir wissen, was unsere Kinder brauchen, wenn wir selbst die Orientierung verloren haben? Wie gern hätten wir einen Verhaltenskodex als Maßstab für die eigenen Ziele und den Lebensweg unserer Kinder. Die Welt ist unüberschaubar, und das macht Angst. Was ist gut und was böse?

Die Religion beantwortet diese Frage eindeutig: Die Zehn Gebote weisen gläubigen Christen den Weg. Aber auch sie geben nur begrenzte Anleitung. Wären sie in unserer Zeit geschrieben worden, hätte wohl der Umgang mit der Natur und das Klonen menschlicher Zellen darin Erwähnung gefunden. Dennoch: In den zehn Thesen finden Christen Halt und Orientierung. Auch Kinder profitieren von festen Dogmata. Untersuchungen haben ergeben, dass Kinder aus gläubigen Familien später weniger anfällig für Drogen und Alkohol sind. Aber was ist, wenn ein Mensch nicht gläubig sein will oder kann und die Zehn Gebote nicht als richtungsweisende Instanz akzeptieren kann?

Werte, Gebote, Tugenden sind immer aus Notwendigkeiten und gesellschaftlichen Bedürfnissen entstanden. Pünktlichkeit, Fleiß, Bescheidenheit waren nötig, um in der Arbeitswelt zu bestehen. Die Rolle der Frau als dienender und untergeordneter Part in einer Ehe verschaffte dem Mann den Freiraum und die Bequemlichkeit, die er sich wünschte. Heute sind es andere Tugenden, die die Gesellschaft funktionstüchtig halten. Zeit für eine Neubesinnung also. Eine schwierige Aufgabe, aber auch eine große Herausforderung. Wir stehen in einer gesellschaftlichen Umbruchsituation, die vieles erlaubt und ermöglicht. Wir sollten an sie angstfrei herantreten.

Wagen wir eine neue Orientierung

Was brauchen wir heute, um uns in der Welt glücklich fühlen zu können?

- Eine Aufgabe, die uns Spaß macht.
- Menschen, mit denen wir gut auskommen.
- Eine Perspektive für die Zukunft.
- Verantwortung für unsere Mitwelt.
- Die Fähigkeit zu lieben und die Möglichkeit, geliebt zu werden.

Was braucht die Welt heute von uns?

Im Berufsleben:

- Zuverlässigkeit: Sie sorgt dafür, dass ein Miteinander möglich wird, dass äußere Strukturen und Absprachen eingehalten werden können. Unzuverlässige Menschen können höchst kreativ sein - aber sie sind immer ein Problem für ihre Mitwelt.

- Kreatives Denken: Mit Fleiß und Sitzfleisch allein schafft sich heute niemand mehr eine gute berufliche Position. Neue Ideen sind gefragt und die Fähigkeit, geistig flexibel zu sein. Die Welt ändert sich rasant. „Der Kopf ist rund, damit das Denken die Richtung ändern kann." (Francis Picabia)

- Flexibilität: Nicht nur im Denken, auch im räumlichen Sinn verlangt das Leben heute die Fähigkeit zur Veränderung. Die Zeiten, in denen ein Mensch normalerweise sein Leben lang in der gleichen beruflichen Position am gleichen Ort bleibt, sind vorbei.

- Zielsetzungen: Wer seinen Beruf nicht als notwendiges Übel zum Geldverdienen ansehen will, sondern als Berufung und Herausforderung, der braucht Ziele. Sie treiben voran, halten wach und sorgen dafür, dass Problemphasen und Durststrecken durchgehalten werden können.

- Belastbarkeit: Sie hängt eng zusammen mit der Frustrationstoleranz. Eine Aufgabe zu erfüllen und nicht allzu schnell aufzugeben, auch wenn die Umstände schwierig sind, gibt ein gutes Gefühl.

- Verantwortungsvolles Handeln: „Nach mir die Sintflut" – auch mit dieser Einstellung kann man sein Geld verdienen. Aber sie stellt weder den Menschen selbst zufrieden noch seinen Arbeitgeber und die Kollegen. Einem Menschen, der von sich weiß, dass er gebraucht wird, macht die Arbeit einfach mehr Spaß, weil sie mit Anerkennung verbunden ist.

- Eigenständigkeit: Sich in der großen Masse zu verstecken, wird in der Zukunft immer weniger gelingen. Gefragt sind Spezialisten, die auf ihrem Fachgebiet gute und eigenständige Leistungen bringen. Für Routinearbeiten werden zunehmend Maschinen und Computer zuständig sein.

- Teamfähigkeit: Auch wenn der Trend momentan dahin zu gehen scheint, dass immer mehr Menschen von zu Hause einem Betrieb zuarbeiten, so heißt das doch nicht, dass kein Austausch mehr stattfinden wird. Das Miteinander von Menschen, der kreative Austausch, wird immer wichtig bleiben. Zur Kommunikation ist der Mensch schließlich bestimmt.

Im privaten Leben:

- Verantwortungsvolles Handeln: Nicht nur wer Kinder hat, muss sich seiner Verantwortung bewusst sein. Für den Partner/die Partnerin, Freunde und Verwandte sollten wir uns ebenso verantwortlich fühlen wie sie sich für uns. So funktioniert die Gemeinschaft der Menschen.

- Geduld: Geduldig sein heißt: sich Zeit zu nehmen für Tätigkeiten, die getan werden müssen. Gelassen zu bleiben, wenn etwas nicht so läuft, wie es laufen sollte. Aufmerksam zu bleiben, wenn wir mit anderen Menschen kommunizieren. Ungeduld und Flüchtigkeit verhindern, dass die Gedanken in die Tiefe gehen.

- Einfühlungsvermögen und Verständnis für die Angelegenheiten anderer: Egoismus greift in unserer Gesellschaft um sich. Die Ellenbogen scheinen für ein erfolgreiches Leben wichtiger zu sein als ein offenes Herz. Doch Einzelkämpfer sind einsam. Wer seine Mitmenschen wahrnimmt und Interesse an ihnen zeigt, wird auch selbst wahrgenommen. Und: Einfühlung in das Wesen eines anderen Menschen erweitert den Gefühls-Horizont.

- Zuverlässigkeit: Ein Kind braucht zuverlässige Eltern, die seine Bedürfnisse erfüllen und in ihren Handlungen berechenbar sind. Der Partner braucht jemanden an seiner Seite, auf den er sich verlassen und dem er vertrauen kann. Ohne Zuverlässigkeit gelingt kein Miteinander.

- Flexibilität: Um eine Familie gut durch den Alltag zu bringen, sind Management-Qualitäten gefragt. All die vielen unterschiedlichen Aufgaben, individuellen Bedürfnisse und unvorhergesehenen Zwischenfälle können nur durch ein hohes Maß an Flexibilität und Organisationstalent bewältigt werden.

- Partnerschaftliches Handeln: Sich auch einmal dem anderen zuliebe zurücknehmen. Nicht immer auf seinem Recht beharren, sondern aufs Rechthaben verzichten. Für die anderen durchs Feuer gehen, wenn es nötig ist. Die Kinder in ihrem jeweiligen Entwicklungsstand so ernst nehmen wie die Erwachsenen ernst genommen werden wollen ... Partnerschaft ist das Gegenteil von Unterdrückung.

- Akzeptanz anderer Menschen: Wer erkennt, dass sein eigenes Denk- und Gefühlsmodell nicht das einzig richtige auf der Welt ist, der blickt nicht herunter auf Menschen, die anders sind als er selbst. Er akzeptiert, dass jedes Verhalten Gründe hat, die vielleicht nicht zu entschlüsseln sind, aber akzeptiert werden müssen. Kinder sind von Natur aus bereit zur Akzeptanz. Wir können von ihnen viel lernen.

- Optimismus: Mit einem Lächeln geht vieles leichter von der Hand. Und wer voller Spannung und Neugier im Leben steht, hoffnungsvoll in die Zukunft blickt, der fühlt sich wohl in seiner Haut. Kritikfähigkeit muss sein, depressives Jammern vergiftet.

- Mäßigung: Wer nicht die Fähigkeit hat, sich zu bescheiden und seine Wünsche zu begrenzen, der geht unter. „Kauf mich", rufen die vielen Angebote, und bei jedem „Kauf mich" müssen wir die Möglichkeit haben, „Nein" zu entgegnen.

So könnten, grob umrissen, die Werte aussehen, die uns privat und beruflich heute voranbringen. Was aber ist mit den „inneren Werten", die so gar nicht zeitgemäß erscheinen? Bescheidenheit, Treue, Rücksichtnahme, Höflichkeit, Dankbarkeit ... Sind sie noch zeitgemäß? Wurden sie nicht längst erschlagen vom lauten Getrommel der Effizienz, das auch unseren Kindern schon entgegendröhnt?

Leistung contra Werte?

Bereits im Kindergarten, so heißt es nach dem Erschrecken über die Ergebnisse der Pisa-Studie, sollen die Kinder ihren Geist schulen. Sicher ist es richtig, das riesige Lernpotenzial, das Kinder in diesem Alter haben, nicht brach liegen zu lassen. Die „Seelenbildung" aber darf dabei nicht zu kurz kommen. In dieser Phase der ersten Erfahrungen in einer Gruppe von Menschen bauen die Kinder den Grundstock für ihr ganzes Leben: Sie lernen, wie die anderen sie sehen, ziehen ihre Schlüsse aus der Interaktion mit den anderen. Aus Freundschaften und Streitigkeiten erwachsen wichtige Sozialerfahrungen. Von den Kindern unbemerkt vollziehen sich diese Erfahrungsprozesse, die die Persönlichkeit formen. Der nervöse Wunsch ungeduldiger Erwachsener, nun möglichst schnell die kleinen Gehirne mit Wissen zu füllen, darf solche Erfahrungen nicht überdecken.

Und in der Schule? Der Religions- und Ethik-Unterricht lehrt Werte wie Mitgefühl und Hilfsbereitschaft. Im Schulalltag aber erntet derjenige, der den anderen aus seinem Heft abschreiben lässt, eine Strafe. Und erfolgreich ist nicht derjenige, der sein Pausenbrot teilt, sondern der, der sein Wissen am geschicktesten präsentieren kann. Paradox muss einem Kind solche Doppelzüngigkeit der Erwachsenen vorkommen.

Kinder erspüren sehr sensibel solche doppelten Botschaften. Sie hören Erzieher/innen und Lehrer/innen darüber klagen, dass die Arbeit zu anstrengend, die Arbeitszeiten zu lang seien. Die darin versteckte Botschaft heißt: Wir wollen nicht so lange mit euch zusammen sein. Die „offizielle" Botschaft an die Kinder aber lautet: Wir mögen euch und freuen uns, wenn wir euch sehen. Ein sensibles Kind kann da einen unauflösbaren Widerspruch empfinden und die Ehrlichkeit der Erwachsenen stark bezweifeln.

Werte wollen gelebt sein, wenn sie glaubwürdig erscheinen sollen. In einigen Schulformen, wie etwa den Waldorf- und Rudolf-Steiner-Schulen, steht die Seelenbildung gleichberechtigt neben der Vermittlung von Wissen. Ein fest gefügtes Wertesystem ist die pädagogische Grundlage in diesen Schulen, bis hin zur ernsten Empfehlung, die Kinder nicht an den Fernseher zu lassen. Das bedarf einer entsprechenden Haltung im Elternhaus und mag manchem recht rigoros erscheinen – doch unglücklich oder unterdrückt wirken die Kinder nicht, die eine solche Schule besuchen. Und später stehen viele von ihnen erfolgreich und mit gefestigter Psyche im Leben.

Jede Erziehung ist eine Werte-Erziehung, denn der Umgang mit einem Kind ist ein Vermitteln der eigenen Einstellung, der subjektiven Weltsicht. Nicht nur über den Kopf laufen solche Botschaften, sondern auch über unbewusste Signale, die wir aussenden. Um einem Kind die Werte mitzugeben, die wir für richtig halten, müssen wir sie zunächst selbst verinnerlicht, zum Bestandteil unserer Persönlichkeit gemacht haben. Nur dann können wir sie glaubhaft weitergeben.

Die „inneren" Werte

Sind die „inneren Werte", die keine sichtbaren Vorteile fürs Leben bringen, heute nicht fehl am Platz? Brauchen unsere Kinder solche Werte, wenn die Welt um sie herum aus Rücksichtslosigkeit und Raffgier zu bestehen scheint? Ist es nicht sogar kontraproduktiv, einem Kind heutzutage etwa Bescheidenheit beizubringen?

Es wäre in der Tat unsinnig, einem Kind Dinge nahe zu legen, die es einsam und unglücklich in der Welt stehen ließen. Ein Kind, das heute noch lernen muss, nur dann zu sprechen, wenn es gefragt wird, wäre bald ein vereinsamtes Wesen, kontaktarm und scheu. Ein Kind jedoch, das lernt, andere ausreden zu lassen und ihnen nicht ständig ins Wort zu fallen, hat davon keinen messbaren Nutzen, aber es wirkt auf andere sympathisch. Und ein sympathischer, freundlicher Mensch meistert das Leben besser als einer, der andere immer gleich mit seiner Meinung „platt macht". Werte wie Höflichkeit und Rücksicht sind also längst nicht verstaubt; sie gehören zu unserem Leben.

Dankbarkeit

Es ist noch nicht sehr lange her, dass sich Kinder für alles, was sie bekamen, nach einem festen Ritual bedanken mussten. Das Wort „Danke" allein reichte nicht; einen Diener hatte der Junge zu machen, einen Knicks das Mädchen, und selbst für Dinge, die man weder mochte noch brauchte, hatte man sich zu bedanken, überschwänglich und ein wenig verlogen.

Diese Form der Dankbarkeit - die hohle Floskel - ist glücklicherweise nicht mehr nötig. Dankbarkeit kann heute wirklich aus dem Herzen kommen - und das sollten wir den Kindern vermitteln. Die Dankbarkeit am Abend für einen schönen Tag. Die Dankbarkeit für einen erfüllten Herzenswunsch oder eine nette Geste des besten Freundes. Es gibt viele Gründe, um dankbar zu sein. Dankbarkeit hat mit Optimismus zu tun: mit dem Wahrnehmen der Glücksmomente in unserem Leben. Dankbarkeit ist eine gute Gelegenheit, sich diese Momente bewusst zu machen, sie nicht als selbstverständlich anzusehen. Am Abend, nach der Vorlese-Geschichte, ist ein guter Zeitpunkt, mit dem Kind über die guten, glücklichen Momente des Tages zu sprechen. Und zu danken, dass man sie erleben durfte.

Und Dankbarkeit anderen gegenüber? Bei einem noch sehr kleinen Kind ist ein „Danke" antrainiert: Es kann noch nicht abschätzen, dass ein anderer ihm, speziell ihm, etwas schenkt: Für ein kleines Kind ist die ganze Welt sowieso sein Eigentum. Später aber, wenn es Erfahrungen gemacht hat im Geben und Nehmen, wenn es weiß, dass Schenken auch ein Stück Verzicht ist, dann sollte es aufmerksam sein für die freundliche Geste des andern. Und es sollte die Erfahrung machen, dass auch Geschenke, die von ihm kommen, nicht selbstverständlich sind und ein „Danke" verdienen. Wer einen ganzen Nachmittag auf die kleine Schwester oder den jüngeren Bruder aufpasst, damit die Mutter ungestört zum Friseur gehen kann, der hat ein „Danke" verdient. Wer im Haushalt hilft, darf ebenfalls ein „Danke" erwarten. Und wer ein schönes Bild malt und es den Eltern schenkt - auch der sollte ein „Danke" bekommen, selbst wenn das Bild im Schnellverfahren aufs Papier gekritzelt wurde und eigentlich keine große „Leistung" darstellt. Allein die Tatsache, dass das Kind Ihnen etwas schenkt, zeigt doch, dass es Sie liebt und in diesem Moment Ihr Feedback braucht. „Gib dir das nächste Mal mehr Mühe" - auch so könnte ein solches Feedback aussehen ... Aber wem würde das nützen? Ein Dank ist immer Freundlichkeit und ein Zeichen von Zuwendung. Es schenkt Bestätigung und Wärme, und genau das braucht das Kind.

„Du, Mama!"
„Ich habe jetzt gerade keine Zeit, muss mal eben ..."
„Mama, das ist aber ganz wichtig jetzt!"
„Na, was ist denn so wichtig?"
„Der Marco hat mir was geschenkt! Was ganz Tolles. Ich darf das behalten!"
„Was hat der Marco dir denn geschenkt?"
„Seinen Harry-Potter-Schal. Weil ich sein Freund bin, sagt er. Ist das nicht toll?"
„Ja, das ist toll. Er mag doch Harry Potter genauso sehr wie du!"
„Ja. Und trotzdem. Er wollte mir eine Freude machen. Aber jetzt weiß ich nicht, ob ich ihm auch etwas schenken soll. Gehen wir mal in die Stadt und kaufen was?"
„Was möchtest du ihm denn kaufen?"
„Keine Ahnung. Irgendwas halt."

„Über was würde Marco sich denn freuen?"
„Er hat sich schon gefreut!"
„So? Worüber denn?"
„Ich habe gesagt: ‚Danke, Marco. Das ist der schönste Schal, den es gibt. Du bist mein allerbester Freund.' Da hat er gelacht und sich gefreut."
„Er hat sich gefreut, weil du dich so sehr freust."
„Genau. So was kann man eigentlich gar nicht kaufen, oder?"

Rücksichtnahme

Wer stur nach vorn geht, nur sein Ziel im Auge hat und niemals seinen Blick hinwendet zu den anderen, die ihm folgen oder neben ihm gehen, der ist rücksichtslos. Er wird sein Ziel wohl irgendwann erreichen – aber um welchen Preis? Einsamkeit ist dieser Preis, und Beschränktheit im Denken. Rücksichtslosigkeit bedeutet, nur sich selbst zu sehen, seine Sicht zu verengen und auf dem Trampelpfad des Egoismus durchs Leben zu laufen.

Rücksichtnahme dagegen heißt: den anderen wahrzunehmen, seine Schwächen zu akzeptieren, sich hilfsbereit zu zeigen und seinen eigenen Vorteil für einen Moment zu vergessen.

Das Gegenteil all dessen scheint allerdings das Leben um uns herum zu bestimmen.

„Wehr dich doch!", ruft die Mutter ihrem Kind auf dem Spielplatz zu, als es von den anderen ständig von der Rutsche gedrängelt wird. „Wehr dich doch", sagt die Tante, als sie von ihrem Neffen hört, dass er von einigen Schulkameraden auf dem Heimweg täglich gepiesackt wird und schon ganz verzweifelt ist. Doch, wehren darf sich ein Kind, wenn es Rücksichtslosigkeit erfährt. Es muss nicht wie der Friedensengel persönlich durchs Leben laufen. Es darf Ungerechtigkeiten mit Wut und Aggression begegnen. Nur muss das in Grenzen und nach sozial verträglichen Regeln ablaufen. Wenn sich zwei Kinder prügeln, müssen sie merken, wann es genug ist: Liegt ein Kind am Boden oder beginnt zu weinen, muss das andere wissen: Stopp! Die Grenze von Wut und Gewalt und das Kämpfen nach fairen Regeln muss ein Kind lernen. Rücksichtnahme auf den anderen, auch wenn man ihm böse ist – das ist ein schwieriger Lernprozess, den nicht jedes Kind problemlos vollziehen kann. Ein Kind mit einem aufbrausenden, zornigen Wesen wird sich schwer tun einzusehen, warum es seinem Kontrahenten nicht mit geballter Wut begegnen darf. Ein „Kampftraining" mit festen, unumstößlichen Regeln hilft dem Kind in diesem Fall, mit seinen Aggressionen umzugehen und auch in der größten Wut die Rücksicht nicht zu vergessen. Ein solches Training bereiten Sie am besten vor, wenn kein Streit in Sicht und das Kind in ausgeglichener Stimmung ist. Vielleicht gibt der Alltag ja einmal Anlass, um über Sich-Streiten und wieder Vertragen, über Raufen und Kämpfen zu sprechen – ein Bilderbuch oder eine erlebte Situation können Anlässe für ein solches Gespräch sein. Überlegen Sie gemeinsam, wie man sich wehren kann: durch Reden, Schubsen, Hauen, Festhalten? Was ist fair bei solchen Kämpfen und was empfindet das Kind als unfair? An den Haaren ziehen, wird es vielleicht sagen, oder Kratzen, in den Bauch treten. Oder weiter prügeln, wenn das andere Kind bereits weint. Notieren Sie die gefundenen Definitionen für faires und unfaires Raufen auf einem Papier, vielleicht möchte das Kind zu jedem Begriff ein kleines Bild zeichnen. Nun hat es schwarz auf weiß die Normen und Regeln, nach denen es raufen darf. Noch wirkungsvoller ist ein solches Training in Kindergarten und Schule, wenn mehrere Kinder die Gesetze der Fairness erfahren und soziale Kontrolle ausüben, falls ein Einzelner mal die Rauf-Bestimmungen überschreitet: „He, nicht ins Gesicht schlagen! Das ist verboten!"

Das Kämpfen und Raufen ganz zu verbieten ist sicher nicht der richtige Weg. Kinder können sich verbal noch nicht so wirkungsvoll auseinander setzen wie Erwachsene, die im Laufe ihres Lebens Zeit hatten, das zu üben. Kinder sind noch unmittelbar in ihren Handlungen. Sie wollen Freude und Ärger, Übermut und Aggression körperlich ausleben. Doch sie müssen wissen, wo die Grenzen liegen, auch wenn die Wut noch so groß ist.

Doch rücksichtslos können nicht nur die Fäuste kämpfen. Auch in ihren Worten sind Kinder oft wenig zimperlich. „Du dicke Kuh", sagt Stefan herablassend, als Myriam ihn bittet, ihr einen Stift zu leihen. Und Armin, der Neue in der Klasse, schafft es einfach nicht, in die Clique aufgenommen zu werden: „Der ist so blöd ...". Sabrinas beste Freundin hat sich nun Anna zugewandt, bespricht mit ihr die wichtigen Mädchen-Geheimnisse, und Sabrina hört die beiden tuscheln: „Die darf nicht mitspielen!" So etwas tut weh. Und solche Erfahrungen bleiben wohl keinem Kind erspart. Oft löst sich das Mobbing von allein auf. Wenn die Kinder merken, dass Myriam sich aus den bösen Worten nichts macht, wenn Armin einen zufriedenstellenden Platz in der sozialen Ordnung der Klasse gefunden und Sabrina eine neue beste Freundin an ihrer Seite hat, mit der sie noch viel besser spielen kann, dann hat das rücksichtslose Verhalten der anderen keine tiefen Wunden geschlagen. Zeigt ein Kind aber echte Verzweiflung, müssen sich die Eltern oder Lehrer einmischen.

Rücksichtnahme ist ein Wert, der ins moralische Rüstzeug aller Kinder gehört, und die Erwachsenen sollten alle Geduld und Mühe aufbringen, um rücksichtsvolles Verhalten zu fördern. Hat doch die Fähigkeit, sich in andere Menschen einzufühlen und sie zu achten, auch den Effekt der Persönlichkeitsbildung: Wer lernt, andere wahrzunehmen und zu verstehen, der erweitert seinen Horizont.

„Wenn du keinen kleinen Bruder hättest, so wie mich, Anna, würdest du dir einen wünschen?"
„Klar doch."
„Und wenn mich einer verhauen will, würdest du mir dann helfen?"
„Mit dem würde ich ein ernstes Wörtchen reden!"
„Und wenn ich einen hauen will? Würdest du mir dann auch helfen?"
„Du willst einen hauen? Warum denn?"
„Weil der Tobi gesagt hat, dass meine Brille doof aussieht und dass ich keine Ahnung habe, was coole Klamotten sind ...".
„Der ist ja selber doof. Aber verhauen musst du den nicht gleich."
„Aber wenn der doch so gemein ist?"
„Du hattest ihn doch zu deinem Geburtstag eingeladen, und ihr habt euch prima verstanden! Ist die Freundschaft denn ganz aus?"
„Nicht so richtig. Aber er hat mir meinen Radiergummi weggenommen und da hab ich ihm ans Schienbein getreten, nur ein bisschen, und da hat er an meine Schulter geboxt, und da hab ich ihm auch seinen Radiergummi weggenommen und sein Lineal gleich dazu."
„Aha. Und? Seid ihr jetzt quitt?"

„Na ja, vielleicht wollte der mich bloß ärgern. Er hat dann meinen Radiergummi wieder hingelegt und gesagt ‚Ist ja gut'."

„Mhm. Da könntest du Recht haben. Dann ging's also gar nicht um den Radiergummi, sondern um was anderes. Vielleicht ist der Tobi ja gerade nicht so gut drauf?"

„Ja, kann sein. Wir haben heute morgen die Mathearbeit zurückbekommen, und die ist für ihn nicht so gut gelaufen."

„Na, dann war es das ja vielleicht. Wie ging's denn dann weiter bei eurem Streit?"

„Ich hab ihm sein Lineal und den Radiergummi auch wieder gegeben und wir haben Entschuldigung gesagt."

„Das habt ihr super gemacht! Und warum willst du ihn dann verhauen?"

„Ich glaube, ich will das gar nicht mehr. Eigentlich war er ja gar nicht gemein. Nur ein bisschen traurig."

Ehrlichkeit

„Jeder Mensch lügt nach Angaben von Psychologen 160 bis 200 Mal pro Tag. Mit Unehrlichkeiten wollten Menschen sich oder andere schützen", schreibt die Diplompsychologin Doris Wolf in der Zeitschrift „Freundin". Besonders Frauen flunkerten oft, wenn ihre Beziehung oder Attraktivität in Frage gestellt werde. So antworteten sie der Nachbarin etwa „Gut geht's!", obwohl sie mitten in einer Beziehungskrise steckten.

In bestimmten Situationen seien Lügen durchaus vertretbar, schreibt das Magazin. Manchmal seien sie weniger verletzend als die Wahrheit, zum Beispiel, wenn die Freundin frage, ob sie zu dick sei oder der neue Partner wissen wolle, wie viele Männer es vor ihm gegeben habe. Um glaubwürdig zu lügen, rät die „Freundin", vollständige Sätze zu bilden und mit normaler Stimme zu sprechen. Zudem solle man nicht zu viel und zu schnell reden und nervöse Gesten vermeiden." (Rhein Zeitung 10.4.2001)

Im Rahmen einer Untersuchung fanden die Pädagogik-Professorinnen Dr. Renate Valtin (Berlin) und Dr. Sabine Walper (München) heraus, wie Kinder solche „Höflichkeitslügen" beurteilen und wie sie mit dem Widerspruch, einerseits die Wahrheit sagen zu müssen und andererseits die Gefühle des anderen nicht verletzen zu wollen, umgehen. Die Wissenschaftlerinnen zeigten 71 Berliner Grundschulkindern, unter denen sich annähernd gleich viele Sechs-, Acht- und Zehnjährige befanden, eine Bildergeschichte. Der Inhalt: Ein Kind ist zu Besuch bei der Freundin. Die Schwester/Mutter der Freundin hat einen Kuchen gebacken, der ziemlich scheußlich schmeckt. Als die Kuchenbäckerin nachfragt, ob der Kuchen schmecke, antwortet das Gast-Kind: „Ja danke, gut".

Nach der Präsentation der Geschichte sollten die Kinder das Verhalten des Gast-Kindes beurteilen. Dabei stellte sich heraus: Die meisten sechsjährigen Kinder lehnten die Höflichkeits-Lüge ab und plädierten dafür, die Wahrheit zu sagen, weil sie Ehrlichkeit als festen Wert akzeptieren, dem sie gerecht werden wollen („Weil es besser ist, die Wahrheit zu sagen"). Bei den Achtjährigen sieht es schon anders aus: Etwa die Hälfte von ihnen akzeptierte die Höflichkeitslüge oder würde zumindest die Wahrheit etwas abschwächen („Der Kuchen schmeckt ein bisschen eklig"). In diesem Alter befürchten sie bereits ungute Gefühlsreaktionen, wenn sie die harte Wahrheit äußern, und wollen vermeiden, dass der andere „traurig“ oder „enttäuscht“ ist.

Dazu die Wissenschaftlerinnen: „Das Dilemma, dass man eigentlich nicht lügen darf und trotzdem in bestimmten Situationen die Unwahrheit vorzieht, lösen einige Kinder durch einen ‚Etikettenschwindel‘. Die beschönigende Antwort wird von einigen Kindern explizit als ‚keine direkte‘, ‚keine richtige‘, keine ‚gemeine‘ Lüge bezeichnet, sondern nur als ‚ein bisschen schwindeln‘“. Bei den meisten Zehnjährigen ist der Konflikt zwischen Wahrheitsliebe und Höflichkeit überwunden – zu Gunsten der Höflichkeit. Vor allem Fremden gegenüber sehen sich zehnjährige Kinder in der Pflicht, höflich zu sein: „Man ist meist zurückhaltend, wenn man bei Fremden ist. Man sagt dann meist nicht, was man denkt“, so eines der befragten Kinder. Und ein Mädchen im gleichen Alter formuliert ganz klar, warum es in manchen Situationen eine kleine Lüge der schonungslosen Wahrheit vorziehen würde: „Du verträgst dich mit allen besser, und du hast mit deinen Mitmenschen Freude. So macht das Leben Spaß! Die anderen haben auch Spaß mit mir, und es ist schön.“

Folgendes Fazit ziehen die Wissenschaftlerinnen aus ihrer Untersuchung: „Nach unseren Befunden entwickelt sich im Alter zwischen sechs und zehn Jahren die Fähigkeit, die Gefühle der anderen als Reaktion auf die eigenen Handlungen zu begreifen und zu berücksichtigen.“

Der Wert „Ehrlichkeit“ ist also mit Einschränkungen zu sehen. Er ist weit interpretierbar – wo beginnt die Ehrlichkeit? Bei dem Versprechen „Ich sage dir alles“? Das kann ein Kind, so wie jeder Mensch, nicht leisten. Schließt er kleine Notlügen oder die Lügen aus Höflichkeit mit ein? Ist es eine

Lüge, wenn wir dem Kind weismachen, an Heiligabend bringe der Weihnachtsmann oder das Christkind die Geschenke?

Kinder sind durchaus in der Lage, solche kleinen Schummeleien zu durchschauen, und oft spielen sie sogar gern mit. Zwei Ebenen treffen hier aufeinander: die Ebene der Fantasie und die der Realität; beide können aufgeweckte Kinder sehr wohl voneinander trennen.

„Na, Alina, freust du dich schon aufs Christkind?"
„Ja! Ich hab schon den Wunschzettel geschrieben."
„Was meinst du: Wie kommt das Christkind denn wohl vom Himmel herab in unser Wohnzimmer?"
„Es schwebt. Oder, nein, es fährt in einer goldenen Kutsche über die Wolken und lässt sich dann vor jede Haustür bringen. Dann klopft ganz leise an die Tür, und die Eltern lassen es herein, und es kann kaum laufen, weil es so viele Geschenke im Arm trägt. Die legt es dann unter den Christbaum und steigt wieder in seine Kutsche ein."
„Hat dir das die Mama erzählt?"
„So genau nicht. Aber Mama und Papa haben es sogar schon gesehen, das Christkind. Sie haben gesagt, es hat ganz lange goldene Haare und zwei Flügel und ein weißes Kleid."
„Und woher bekommt das Christkind die Geschenke?"
„Aus dem Kaufhaus natürlich. Einmal war ein einem Geschenk noch das Preisschild dran, das hab ich der Mama gesagt und da hat sie einen Schreck bekommen. Vielleicht gehen sie ja zusammen einkaufen, das Christkind und meine Mama."

Einen großen Spielraum gibt es bei der Definition von Ehrlichkeit. Es ist eine Gratwanderung zwischen der Notwendigkeit, ehrlich zu sein und den vielen kleinen Seitenwegen, die die Ehrlichkeit ankratzen, aber für die Gemeinschaft der Menschen zuträglich sind. Ehrlichkeit Kindern gegenüber heißt: Sich nicht zu verstellen in der eigenen Persönlichkeit. Wahrhaftig zu sein im Reden und Handeln. Den Kindern auf ihre Fragen so zu antworten, dass sie die Antworten verstehen und bewältigen können. Ihre Grenze hat Ehrlichkeit dort, wo sie das Kind überfordern würde: Wer seine eigenen Probleme oder das Elend der Welt auf den Schultern der Kinder ausgießt, der ist nicht ehrlich, sondern handelt unverantwortlich.

Höflichkeit

Höflichkeit, gute Umgangsformen und das ganze Spektrum guter Manieren kann man Kindern antrainieren. Und man hat es auch getan, noch vor wenigen Jahrzehnten. Gib das schöne Händchen, sprich nicht mit vollem Mund, lass dich von der Tante abküssen, sag immer schön danke ... Doch ein Kind, das solchermaßen konditioniert wurde, hat längst noch nicht den Wert, die tatsächliche Grundlage der Höflichkeit verinnerlicht, nämlich seinen Mitmenschen schonungsvoll, freundlich und verständnisvoll gegenüberzutreten. Im Gegenteil: Wer zu inhaltsleeren und nicht nachvollziehbaren Dressurakten gezwungen wird, lehnt sich irgendwann dagegen auf, sucht nach Alternativen, die nicht nur hohle Konvention sind. Spätestens als Jugendlicher, wenn er Wahrhaftigkeit sucht und Sinn und Zweck seines Lebens ergründen will.

Der Wert der Höflichkeit ist aber kein Dressurakt. Er ist, wie alle tatsächlich wichtigen Werte, eine Herzensangelegenheit und hat mit Einfühlungsvermögen und sensiblem Empfinden zu tun.

Kaum ein Kind bietet heute seinen Sitzplatz an, wenn in der U-Bahn ein alter oder gebrechlicher Mensch einsteigt. Aber tun das die Eltern? „Wir haben schließlich auch bezahlt!" Wie soll ein Kind lernen, mit anderen mitzufühlen, wenn dafür das Vorbild fehlt? Soziale Kompetenz wächst nicht auf dem Baum, sie ist ein Lernprozess. Das Kind beobachtet und ahmt nach und zieht seine Konsequenzen aus dem Feedback, das es erlebt. Höflichkeit kann es nur dann verinnerlichen, wenn es sensibel wird für die Angelegenheiten anderer Menschen. Wenn es merkt, dass seine Eltern und andere Menschen, die ihm wichtig sind, mit offenen Augen auf andere zugehen und bereit sind, nicht immer nach dem eigenen Vorteil zu schielen.

Bei der Höflichkeit macht sich sehr deutlich bemerkbar, dass die echten Werte nicht leere Konventionen sind, sondern einen Zweck haben, nämlich die soziale Gemeinschaft zu stützen und zu stärken.

Sicher, man kann es sich zur Gewohnheit machen, immer nach dem größten Stück vom Kuchen zu greifen, auf seine Rechte zu pochen, sich als Dreh- und Angelpunkt des Universums zu sehen. Man kann Höflichkeit als ein Relikt aus grauer Vorzeit ansehen und sich so benehmen, dass alle merken, wie herzlich egal sie einem sind. Freude bringt ein solches Verhalten allerdings nicht, weder der Mitwelt noch einem selbst. Unhöfliche Menschen werden vielleicht eine Zeit lang als interessante Querulanten bestaunt, aber Sympathien strömen ihnen nicht entgegen.

Kinder wollen höflich sein. Etwa im Alter von zehn Jahren haben sie die Spielregeln verinnerlicht, nach denen unsere Gesellschaft funktioniert. Sie haben gemerkt, dass höfliches Verhalten einen Widerhall findet, und die meisten von ihnen versuchen, sich freundlich und nett zu benehmen (siehe Seite 57). Was aber, wenn die Erfahrungen ganz andere sind? Wenn das höfliche, bescheidene, vielleicht sogar schüchterne Kind ständig im Abseits steht, permanent übersehen und von anderen Kindern getriezt wird?

Es gibt eine klare Grenze zwischen Höflichkeit und falscher Bescheidenheit. Auf dieser Grenze ist das Selbstbewusstsein zu Hause. Ein selbstbewusster Mensch vergisst sich nicht selbst, sondern steht aufrecht im Leben; er weiß, was ihm zusteht und was er braucht. Er ist sich seines Wertes bewusst. Seine Höflichkeit ist nicht Demut, sondern Freundlichkeit. Selbstbewusst aber kann ein Kind nur werden, wenn es von Anfang an Achtung erfährt. Wenn es am eigenen Leibe spürt, wie es ist, höflich behandelt zu werden. Paula zum Beispiel: Sie hasst es, sich vorzudrängeln, so wie es einige andere Kinder tun. Bei der Geburtstagsfeier einer Freundin verteilte deren Mutter kleine Geschenke, und die Kinderschar drängte und schubste, um schnell an die Schätze zu kommen. Paula nicht. Sie stand etwas abseits und wartete. Als alle anderen Kinder ihre Präsente in der Hand hielten, merkte Paula, dass sie wohl vergessen worden war. Und sagte mit fester Stimme: „Ich möchte auch etwas haben." Natürlich bekam sie es, und einen anerkennenden Blick der Mutter dazu.

„Wenn ich zu einem sage: Hau bloß ab! ... ist das frech?"
„Ja, ein bisschen schon."
„Und wenn ich sage: Heute nervst du nur rum – ist das auch frech?"
„Auch ein bisschen. Ja."
„Aber wenn ich gar nichts sage, dann ist das doch nicht frech, oder?"
„Nein, das ist nicht frech."
„Heute hat mir Oma ein Eis gekauft, und ich hab nichts gesagt, auch nicht danke."
„Na ja, das ist nicht sehr höflich!"
„Ich habe nur ihre Hand gestreichelt."
„Das ist nicht frech und sogar mehr als höflich. Das ist nett."

Bescheidenheit

Sich zu bescheiden bedeutet nicht freudlose Askese oder den Verzicht auf alle Herzenswünsche. Bescheiden zu sein heißt: das Ausmaß der vielen Wünsche zu beschränken auf ein verträgliches Maß. Menschen, die durch die Konsumwelt in den finanziellen Ruin getrieben werden, tragen die Konsequenzen eines Mangels an Bescheidenheit. Es erfordert Stärke zu sagen „Das brauche ich nicht".

Bescheidenheit kann ein Kind erst lernen, wenn es seinen ersten Hunger auf die Welt gestillt hat. Ein kleines Kind kann noch nicht bescheiden sein. Sein Ziel ist es, seine Umgebung in Besitz zu nehmen. Nach allem muss es greifen, es berühren, mit dem Mund betasten, ausprobieren. Die Grenze, die die Eltern setzen, sollte da verlaufen, wo es ge-

fährlich wird: der heiße Herd, die Steckdosen, der Schrank mit den Putzmitteln, die noch unverträglichen Lebensmittel sollten tabu sein. Aber alles andere ist zum Kennenlernen da, grenzenlos und straffrei.
Erst wenn das Kind einen Begriff von „Besitz“ hat, kann es allmählich lernen, was Bescheidenheit heißt. Aber noch bis in die Pubertät und in das Erwachsenenalter hinein fällt es oft schwer, bescheiden zu sein. Zu verlockend sind die vielen Angebote, zu geschickt die Reklame, die sie anpreist. Nicht zuletzt üben die Gleichaltrigen oft massiven Druck aus: Wer das falsche Label oder gar keins an Jeans und Rucksack trägt, hat es oft schwer in der Gemeinschaft der Freunde. Wer könnte es einem Kind verübeln, wenn es da nicht bescheiden sein kann und so lange jammert und quengelt, bis die Objekte der Begierde gekauft sind.

„Der Weihnachtswunschzettel meines Kindes ist eher ein Bestellzettel“, schmunzelt eine Mutter, „es schreibt aus den Katalogen ab, was unter dem Christbaum liegen soll. Mit Bestellnummer und Preis!“ Ein leichtes Grausen überkommt uns Eltern bei solchen Forderungen, wir haben die Bescheidenheit früherer Generation im Kopf und denken wehmütig an dankbare Kinder, die sich über die Lichter am Tannenbaum und das selbst genähte Püppchen freuten.

Aber können unsere Kinder etwas für die Zeit, in die sie hineingeboren werden? Sie wachsen auf mit den Verlockungen des Konsums. Es erfordert von uns Eltern große Anstrengung, den Verlockungen der Medien und des Konsums etwas entgegenzusetzen. Wir müssen erfinderisch sein, um dem Kind zu zeigen: Es gibt Dinge, die noch attraktiver sind und viel glücklicher machen, als in den Laden zu gehen und etwas zu kaufen. Zum Beispiel: Aktiv etwas tun, gemeinsam mit anderen Menschen.

„Der Lars hat ein Feuerwehrauto, das ist sooo groß! So eins will ich auch haben."
„Aber du hast doch ein Feuerwehrauto und spielst kaum damit."
„Ja, weil es nicht so groß ist wie das von Lars. Und er hat ganz viele Playmobil-Männchen. Viel mehr als ich!"
„Meinst du nicht, dass ein Schuhkarton voller Playmobil-Männchen genug ist?"
„Nein, gar nicht. Und der Lars hat auch ganz viele CDs. Und einen eigenen CD-Player. "
„Der hat's ja gut, der Lars ..."
„Ja, der hat's vielleicht gut."
„Und womit spielt er am liebsten?"
„Meistens sieht er fern. Eigentlich immer."
„Dann hat er ja eigentlich kaum was von seinen vielen Sachen."
„Ja, kann sein. Backen wir jetzt zusammen einen Kuchen?"

Bescheidenheit ist ein oft verklärter Begriff. Manchmal wird er gleichgesetzt mit Zurückhaltung und blassem Entsagen. Doch wollen wir unsere Kinder zur Zurückhaltung erziehen? Die heutige Welt braucht alles andere als Zurückhaltung: Sie braucht dynamische, neugierige Leute, die sich einmischen, die aktiv sind und ganz unbescheiden nach den Sternen greifen. Nur: Sie braucht auch Menschen, die sich selbst beschränken und abgeben an die, die weniger oder nichts haben. Das ist die neue Definition der Bescheidenheit.

Toleranz

Toleranz ist ein überheblicher Begriff. Er sagt: Ich dulde dich so, wie du bist, aber eigentlich bin ich die entscheidende Instanz. Die Toleranz Andersdenkenden und -empfindenden gegenüber, die Toleranz gegenüber Ausländern, Behinderten, Frauen, Schwächeren, Kindern ... sie ist ein Gewährenlassen, ein großzügiges Akzeptieren. Aber noch lange kein Annehmen. Sie ist ein kopfgesteuerter Wert, der den Egoismus stärkt und einen Freibrief liefert für heimliche Ablehnung. Wer tolerant ist, fühlt sich reingewaschen und von der Aufgabe befreit, sich mit den Angelegenheiten der anderen wirklich auseinander zu setzen.

„Duldsamkeit, besonders in religiösen, ethischen, politischen Fragen" – so definiert der „Brockhaus" den Begriff der Toleranz. Reicht es heute aus, „duldsam" zu sein? Müssen wir unseren Kindern nicht vielmehr die Fähigkeit für Engagement, profundes Interesse und leidenschaftliches Einmischen mitgeben?

Gewiss, nicht jeder ist zum Kämpfer geboren. Die Charaktere sind glücklicherweise unterschiedlich. Neben den streitenden Helden gibt es in jeder Generation die stillen Begleiter. Vielleicht ist Ihr Kind so ganz und gar nicht zum Helden geeignet. Vielleicht sind Engagement und aktives Tun gar nicht seine Sache. Müssen sie auch nicht. Doch Interesse und Verständnis für alles, was hinter seinem Horizont liegt, kann jeder Mensch aufbringen. Man muss es nur wecken. Das ist die große Aufgabe für die Erziehenden der neuen Generation.

Bei allen sprachlichen und sonstigen Schwierigkeiten: Die multikulturelle Vielfalt, der unsere Kinder in Kindergarten und Schule heute begegnen, ist eine große Chance, von klein auf das „Andersartige" als selbstverständlich kennen zu lernen und diese Selbstverständlichkeit in andere Lebensbereiche zu übertragen. Ein Kind empfindet es nicht als befremdlich, dass etwa in einigen Familien das Weihnachtsfest zu einem anderen Zeitpunkt und mit anderen Ritualen gefeiert wird als bei ihm selbst. Es lernt dadurch: In anderen Familien ist es anders als bei mir zu Hause - anders, aber nicht schlechter. Solche Erfahrungen weiten die Aufnahmebereitschaft für das Tun und Denken anderer Menschen.

Und die Eltern? Tolerant sein ist chic. Wenn das Kind einen türkischen Freund nach Hause bringt, der keine Schweinewürste isst - natürlich braten wir ihm ein Geflügelwürstchen. Aber fragen wir auch, wie das Kind zurechtkommt in der Sprache, die es zu Hause nicht hört? Hören wir zu, wenn es von seinen Geschwistern erzählt und von seinen Eltern, die vielleicht nur wenig Zeit für ihre Kinder haben, weil sie finanziell kaum über die Runden kommen und mit schlecht bezahlten Jobs ihren Lebensunterhalt bestreiten? Sehen wir wirklich die tiefe Verbundenheit zwischen unserem Kind, dem Vorurteile noch fremd sind, und seinem Freund? Oder sind wir nur tolerant?

„Stimmt es eigentlich, dass alle Türken ein Messer in der Tasche haben, Papa?“
„Wie kommst du denn darauf?“
„Das sagt Felix‘ großer Bruder.“
„Ist das der, der zu den Kleinen immer so gemein ist?“
„Ja, der sagt immer, haut ab, sonst bekommt ihr Ärger mit mir. Ich glaube, der hat Angst vor uns.“
„Das kann schon sein. Glaubst du denn, dass alle Türken ein Messer in der Tasche haben?“
„Ich? Nein. Murat jedenfalls nicht. Ich habe ihn gestern gefragt, was in seinen Taschen ist. Da war kein Messer drin. Nur Pokémon-Bilder und ein Kaugummi.“

So lernen Kinder moralisches Handeln

Offene und versteckte Botschaften

Kinder kann man disziplinieren und konditionieren. Durch Strafen lernt ein Kind, unerwünschte Handlungen zu unterlassen, durch Belohnungen, erwünschte Handlungen in sein Verhaltensrepertoire zu übernehmen. Ein Zweijähriges, das seine Grenzen zu finden sucht, können wir mit Klapsen auf den Po oder Liebesentzug zum „Funktionieren" bringen. Bis zum nächsten Trotzanfall. Durch kleine Belohnungen, wie ein Stück Schokolade oder ein liebes Wort, können wir unser Kind dazu bringen, erwünschtes Verhalten zu wiederholen, wir schaffen es sogar, dass das Kind dieses Verhalten verinnerlicht und bei gegebener Gelegenheit wieder abspult, weil es diese Situation als „angenehm" in seiner Erinnerung abgespeichert hat. Bis an sein Lebensende trägt es solche Konditionierungen vielleicht in sich, wenn sie nicht von anderen Erfahrungen überdeckt wurden. „Sag schön danke." Und das Kind, lernbereit wie es ist, speichert diese Botschaft, wenn sie belohnt wurde und vor allem, wenn ein negatives Verhalten bestraft wurde.

Wir kennen das berühmte Experiment des russischen Physiologen Iwan Pawlow: Immer bevor er seinen Versuchs-Hund fütterte, ließ er ein Licht aufleuchten. Nach einer Weile hatte sich der Hund an diese Kombination von Futter und Licht gewöhnt, so dass die Vorfreude auf das Futter – sichtbar durch vermehrten Speichelfluss – bereits eintrat, wenn nur das Licht eingeschaltet wurde. Blieb es allerdings einige Tage lang beim Einschalten des Lichts, ohne dass danach gefüttert wurde, verlernte der Hund diesen „bedingten Reflex" wieder und er reagierte nicht mehr auf das Licht.

Ein anderes Experiment erforschte die Lernfähigkeit mit negativen Reizen, nämlich mit Strafen. Man ließ ein Pferd über ein Laufband galoppieren und versetzte ihm, ebenfalls gekoppelt an ein Lichtsignal, leichte Stromstöße. Das Pferd lernte, diesen unangenehmen Reizen auszuweichen, indem es hochsprang, wenn es den Lichtschein sah. Anders als der Hund, dem mit dem Licht etwas Positives, nämlich Futter, in Aussicht gestellt worden war, behielt das Pferd die Angst vor den Stromstößen bei und reagierte noch lange Zeit später auf das Lichtsignal, indem es in die Höhe sprang. Die Psychologen erkannten: Ein solches „Vermeidungslernen" – nämlich das Vermeiden unangenehmer, schmerzhafter Erfahrungen – wirkt nachhaltiger als ein „bedingter Reflex".

Auch ein kleiner Mensch kann auf diese Weise dressiert werden. Aber ist ein Kind nicht zu wunderbar, zu einzigartig, um dressiert zu werden? Es soll doch nicht funktionieren wie ein gelehriges Tier! Es soll sich in seinen ersten Lebensjahren behütet und trotzdem frei entwickeln dürfen und später verstehen lernen, dass es „richtiges" und „nicht richtiges" Verhalten gibt – Verhalten, das ihm oder seiner Mitwelt nutzt oder schadet.

„Erziehung ist Vorbild und Liebe – sonst nichts", schrieb der Pädagoge Johann Heinrich Pestalozzi. Schlichter und besser kann man nicht ausdrücken, was das Herzstück der Erziehung sein soll: dem Kind durch Persönlichkeit und Handlungsmuster einen Maßstab zu geben, an dem es sich messen kann. Und ihm immer wieder zu zeigen, dass man es liebt und achtet.

Von großer Aktualität ist dieser Satz, denn die Einflüsse der „heimlichen Miterzieher" sind heute massiv. Vor allem die Medien bestürmen unsere Kinder mit Verlockungen und zweifelhaften moralischen Botschaften (vgl. das Kapitel „Die Macht der Medien"). Was können Eltern diesen psychologisch ausgefeilten Botschaften entgegensetzen? Wie können sie das, was sie selbst als gut und richtig erkannt haben, an die Kinder weitergeben?

Zunächst einmal: durch Reden. Es ist wichtig, mit den Kindern zu sprechen. Ist doch die Sprache unser wichtigstes Kommunikationsmittel.

Miteinander sprechen

In den Familien wird zu wenig miteinander geredet: Die „Sprachlosigkeit" vieler Kinder, die den größten Teil ihres Wortschatzes aus dem Fernseher erlernen und es nicht gewohnt sind, sich selbst zu äußern, hat eine Ursache darin, dass in vielen Familien kaum noch Gespräche geführt werden.

Miteinander reden heißt nicht, Befehle auszusprechen: Tu dies nicht, lass das, mach jetzt sofort ... Miteinander reden heißt vor allem: zuzuhören, was uns der andere mitteilt. Geduld zu haben, bis der andere das ausgesprochen hat, was ihm auf der Seele liegt. So zu antworten, dass man verstanden wird. Sich Zeit zu nehmen für den Austausch. Mit Kindern richtig reden heißt: zu fragen und dabei Interesse zu zeigen, zu antworten und sich dabei nicht zu verstellen. Ein skandinavisches Sprichwort sagt: „In jedem von uns steckt ein König. Sprich zu ihm, und er wird hervortreten."

„Mama, warum tut Gott nichts dagegen, dass Kinder getötet werden?“ Manche Fragen unserer Kinder überraschen uns und wir tun uns schwer mit einer Antwort.

Was tun? Die Kinder abwimmeln – „Frag Papa!“? Oder sie auf später vertrösten – „Das musst du noch nicht wissen“? Das ist ein bequemer Weg, stößt das Kind aber vor den Kopf. Die Frage brennt ihm jetzt unter den Nägeln, und es möchte sie jetzt beantwortet haben. Ein Kind, das eine bestimmte Frage stellt, ist auch reif für die Antwort darauf. Und wenn es fragt, warum Gott Dinge zulässt, die grausam sind und unverständlich, dann müssen wir uns um eine Antwort bemühen. Oft zwingen uns solche Kinderfragen erst dazu, Klarheit im eigenen Kopf zu suchen.

„Ich weiß es nicht“ – das ist die ehrlichste Antwort, wenn uns eine Kinderfrage überfordert. Um das Thema damit aber nicht abzuwürgen, können wir die Gegenfrage stellen: „Was glaubst du, warum das so ist?“ Das Kind wird ins Nachdenken kommen. Und vielleicht entwickelt sich dann ein Gespräch über Hunger und Not und Menschen, die anderen Böses antun. Lassen Sie in diesem Fall die Gesprächsführung beim Kind: Es weiß, wie viel Wahrheit es verträgt. Beobachten Sie, wie Ihr Kind reagiert. Ist es neugierig und interessiert? Dann ist es nicht überfordert von dem Thema. Sollte es ihm zu viel werden, wird es das Thema beenden. Dann sollten Sie auch nicht versuchen, Informationen, die Sie unbedingt noch loswerden wollen, hinterherzuschieben. Das Kind muss bei solchen Gesprächen die Fäden in der Hand halten, denn es weiß intuitiv, was es braucht und was es überfordern würde. Halten Sie sich aber nicht zurück mit Ihrer subjektiven Meinung. Sie ist es, die Ihr Kind sucht. Es möchte Ihr Wesen und Ihre Gedanken ergründen, um sie sich zu eigen zu machen.

Wie würden Sie reagieren, wenn Ihnen ein anderer etwas Nettes sagt und Sie dabei mit finsterem Gesicht anblickt? Sie wären verunsichert und würden eher der Mimik glauben als den Worten. Bei einem Kind, das noch viel unmittelbarer und unter Verwendung all seiner Sinne die Welt erlebt, kommt eine solche doppelte Botschaft noch viel stärker an. Sie hören, dass jemand aus dem Bekanntenkreis schwer erkrankt ist, sagen „wie furchtbar“ und gehen fröhlich zum nächsten Thema über... Ihr Kind registriert dieses Verhalten. Sie sagen Ihrem Kind : „Ich hab dich lieb“ und sehen es mit vorwurfsvoller Miene an, weil es eben den Spielplatz-Sand durch die ganze Wohnung geschleppt hat, Sie sich aber vorgenommen haben, daraus keine Staatsaktion zu machen: Ihr Kind wird eher Ihre Mimik registrieren als Ihre Worte. Oder umgekehrt: Sie schimpfen mit Ihrem Kind, weil es etwas getan hat, von dem Sie denken, dass es das nicht hätte tun sollen, aber Sie haben gute Laune und schimpfen mit einem Lächeln in den Mundwinkeln: Ihr Kind wird Ihnen nicht glauben.

Versuchen Sie, Ihre Worte mit Ihrem Empfinden in Einklang zu halten. Doppelte Botschaften verunsichern. Wenn Sie gut gelaunt sind, dann zeigen Sie es. Wenn Sie wütend oder traurig sind, auch. Ihrem Kind können Sie nichts vormachen. Es durchschaut Sie und fühlt die kleinen Unehrlichkeiten. Sagen Sie lieber nichts, wenn Sie wütend sind und Ihr Kopf meint, dass Sie etwas Nettes sagen müssen. Oder geben Sie ehrlich zu, dass Sie schlechte Laune haben. Und wenn es Ihnen gut geht und Sie einen so richtig euphorischen Tag haben, Ihr Kind aber etwas getan hat, von dem Sie meinen, dass es nicht richtig war, dann sagen Sie ihm das in neutralen Worten und genießen weiterhin Ihre gute Laune. Disziplinieren sollten Sie sich aber, wenn einmal alles zusammenkommt: Ihre schlechte Laune und ein unerwünschtes Verhalten Ihres Kindes. Dann müssen Sie Ihren Verstand einschalten und Ihre innere Bremse aktivieren. Ihr Kind kann nichts für Ihre Stimmung. Gehen Sie in der akuten Situation aus dem Zimmer, beruhigen Sie sich, fahren Sie Ihre Wut herunter. Es gibt für ein Kind kaum etwas Schlimmeres als Eltern, die ihre Launen an ihm auslassen. Es braucht berechenbares Verhalten.

Und wenn Sie doch einmal ungerecht sein sollten, Ihr Kind anraunzen und niedermachen, dann sollten Sie sich hinterher dafür entschuldigen. Eltern sind nicht perfekt, machen Fehler und können nicht immer „pädagogisch einwandfrei" handeln. Bei einem noch relativ kleinen Kind können Sie den Schaden wieder gutmachen, indem Sie es in dem Arm nehmen und mit einfachen Worten erklären, dass Sie heute in schlechter Stimmung sind, das Kind aber sehr lieb haben. Älteren Kindern können Sie mit Worten erklären, warum Sie eben so außer sich waren. Ihr Kind möchte die Gewissheit haben: Mama oder Papa sind mir nun wieder gut.

Die „Für-andere-Leute-Botschaften"

Wie peinlich! Ihr Kind hat an der Supermarkt-Kasse die Süßigkeiten entdeckt. Will unbedingt die Bonbons haben, bettelt, zetert, schreit. Sie sagen „nein", schließlich haben Sie Ihre Prinzipien. Das Kind zieht alle Register, wirft sich auf den Boden, läuft rot an. Die Leute sehen zu Ihnen hinüber. Tuscheln, grinsen, von älteren Damen dringen Gesprächsfetzen zu Ihnen herüber: „Das hätte es früher nicht gegeben!" Sie beginnen zu schwitzen. Sie möchten einerseits konsequent bleiben, aber auf der anderen Seite: Zu peinlich ist ein solcher Auftritt. Sie entwinden Ihrem Kind die begehrte Süßigkeit, die es sich schon geschnappt hatte, und legen sie zurück. Ihr Kind startet erneut durch. Die alten Damen sehen anerkennend zu Ihnen hinüber, bewundern offensichtlich Ihre Konsequenz. Ein junges Paar schaut entnervt zur Seite. Die junge Mutter vor Ihnen dreht sich um, blickt verständnisvoll. Zwei junge Mädchen kichern. Ihr Kind tobt, bekommt kaum noch Luft vor Schreiwut. Sie greifen sich die Bonbons, drücken sie Ihrem Kind in die Hand, und augenblicklich ist Ruhe. Und auf einmal kommen Sie sich so vor, als stünden Sie neben sich, und Sie fragen sich: Was mache ich hier eigentlich?

Der Umgang mit Kindern läuft nicht immer unter Ausschluss der Öffentlichkeit ab, sondern manchmal eben auch unter fremden Augen. In solchen Situationen heißt es abzuwägen, ob Prinzipien so wichtig sind, dass sie durchgehalten werden müssen um den Preis, dass es Sie viel Kraft und Nerven kostet. Es ist eben peinlich, wenn das Kind sich in Gesellschaft anderer Menschen so benimmt, dass es alle Blicke auf sich zieht. Und der Ratschlag: „Ignorieren Sie die Meinung der anderen, bleiben Sie konsequent" – der ist schnell gegeben, aber ziemlich unrealistisch. Kaum jemand ist so stark, dass er auf die Meinung seiner Mitwelt pfeift. Und wenn das Kind, das Aushängeschild unserer Erziehung, sich so wenig salonfähig benimmt, dann ist das eben eine sehr schwierige Situation.

Wenn ein Kind bislang wenig konsequent erzogen wurde, dann ist es nicht sein Fehler, dass es immer wieder probiert, seine Grenzen auszuloten. Der Supermarkt, die Arztpraxis oder die Plauderrunde bei der Freundin sind nicht die geeigneten Orte, um das Kind zu erziehen. Im alltäglichen Leben muss es lernen, dass es Dinge gibt, die Ihnen gefallen, und Dinge, die Sie sauer machen. Aber selbst bei größter erzieherischer Konsequenz werden Sie einem Trotzkind nicht austreiben können, dass es alles unternimmt, um seinen Willen durchzusetzen. Die Bonbons, die sich das Kind aus unserem Beispiel ertrotzt hat, werden Ihre Erziehungsleistung sicher nicht schmälern, haben aber vielleicht ihre Nerven und somit den Tag gerettet.

Konsequenz in der Erziehung ist wichtig, aber nicht in jedem Umfeld und nicht um jeden Preis. Die Interaktion zwischen Eltern und Kind ist ein dynamischer Vorgang, und viel schlimmer als ein gelegentliches inkonsequentes Verhalten wäre ein unflexibles, rein rationales, stures Verhalten dem Kind gegenüber. Oder ein Verhalten, das sich nur nach dem Urteil der Beobachter richtet anstatt nach dem Herzen. Ein „richtig" oder „falsch" gibt es hier nicht; wie in allen Dimensionen des Umgangs mit dem Kind muss Ihr Herz ebenso bei der Sache sein wie der Verstand. Wenn der Verstand in diesem Moment genau weiß, was sinnvollerweise zu tun wäre, dann tun Sie es. Wenn das Gefühl Ihnen sagt, dass Ihr Kind gerade jetzt liebevolle Zuwendung oder ein Auge-Zudrücken braucht, dann geben Sie ihm nach. Und wenn für Sie eine Situation im Beisein Dritter unerträglich ist, dann handeln Sie so, dass Sie Ihre Nerven schonen. Sie sind weder Erziehungsmaschinen noch Über-Eltern, sondern Menschen. Ihr Kind darf das wissen.

Botschaften, die von innen kommen

Der alten, gebrechlichen Nachbarin bringen Sie regelmäßig ein paar Lebensmittel vom Einkaufen mit, und manchmal legen Sie einen kleinen Blumenstrauß vor die Tür. Die Mutter aus dem Nebenhaus kommt oft mit ihren Sorgen zu Ihnen und findet ein wenig Trost. Als Sie neulich mit der U-Bahn gefahren sind und ein junger Mann mit Krücken den Wagen bestieg, haben Sie ihm Ihren Platz angeboten, obwohl er Sie nicht darum gebeten hat. Letzte Woche haben Sie eine schöne Handtasche im Schaufenster gesehen, aber darauf verzichtet, sie zu kaufen, weil sie ziemlich teuer war. Vor ein paar Tagen hatte Ihnen die Kassiererin im kleinen Laden um die Ecke zu viel Wechselgeld herausgegeben, und Sie haben sie darauf hingewiesen. Wenn Sie in den Nachrichten von Krieg und hungernden Menschen hören, werden Sie traurig und wütend und zeigen das auch.

Mit solchen oder ähnlichen Situationen, in denen Sie Position beziehen und Ihre Haltung sichtbar machen, offenbaren Sie Ihre Persönlichkeit. Sie geben Ihrem Kind damit ein Lebensmuster an die Hand, an dem es sich orientiert. Natürlich sind Sie nicht die einzige Instanz, durch die das Kind geprägt und beeinflusst wird, doch in den ersten Jahren die wichtigste. Was Sie denken und tun, ist der Maßstab, den das Kind in sich aufnimmt und weiterentwickelt. Das Wichtigste dabei ist nicht die Perfektion – wer könnte sich jederzeit optimal verhalten? Wichtig ist die Ehrlichkeit und Integrität, in der Sie Ihr Kind erlebt. Die Grundhaltung ist es, die Ihr Kind spürt und sich zu eigen macht.

Noch weit bis ins Schulalter hinein prägen Sie Ihr Kind maßgeblich; Ihre Meinungen, Gedanken und Wertmaßstäbe sind die Form, in die sich der Wissensdurst und der Drang nach „richtigem" Verhalten Ihres Kindes ergießt. Später, wenn Freunde und andere Erwachsene an Einfluss gewinnen, wird die Position der Eltern teilweise überdeckt. In der Pubertät wird sie angezweifelt, vielleicht sogar bekämpft werden. Die Grundlage jedoch, die Sie in der frühen Kindheit gelegt haben, wird Ihr Kind mitnehmen. Sie ist wie ein Haus, über dessen schräge Wände und klapperige Fensterläden man manchmal schimpft, das aber doch Heimat ist.

Wie ein Garten, in dem die Blumen gesät, die Beete bepflanzt, das Unkraut herausgezogen wurde. Der Garten wandelt sich im Lauf der Jahre, neue Blumen wachsen, auch wilderndes Unkraut, aber die Bäume, die Sie gepflanzt haben, werden größer, stärker und verwurzeln sich fest in der Erde.

Richtig streiten

Sie selbst sind kein Engel, und ihr Kind ist es auch nicht. Ab und zu geraten Sie beide aneinander. Das ist ganz natürlich. Ob es sich nun um Ihrer Meinung nach große Verfehlungen oder kleine Alltagsvergehen handelt: dass Sie manchmal wortstark und entschieden Ihr Kind auf etwas hinweisen, was Ihnen nicht gefällt, und dass Ihr Kind dann Widerworte hat und die Sache aus seiner Sicht schildert, gehört in einer Familie dazu.

Doch auch im hitzigen Streit oder bei berechtigter Kritik am Verhalten Ihres Kindes sollten Sie Spielregeln einhalten und fair bleiben. Den wichtigen Wert des Fairness lernt Ihr Kind aus solchen Streit-Situationen.

Eine typische Situation: Gerade haben Sie die Wohnung in Schuss gebracht, als Ihr Sohn mit lehmverschmierten Schuhen vom Spielen kommt und eine deutlich sichtbare Spur durch die Zimmer tapst. Kein Wunder, dass Sie sauer sind. Wie reagieren Sie? „Wie oft habe ich dir gesagt, dass du die Schuhe ausziehen sollst! Aber du hörst ja nicht. Immer musst du dich so dreckig machen. Du achtest nie darauf, wohin du trittst!“ Mit diesen Worten haben Sie Ihr Kind in die Ecke gedrängt und den ganzen Ärger, den Sie in sich spüren, auf Ihr Kind übertragen. Das erleichtert Sie, aber Ihrem Kind sagen diese Worte: Du bist böse. Dabei ist doch nicht das Kind böse, sondern sein Verhalten hat Sie in diesem Moment gestört. Anstatt des „Du“, mit dem Sie Ihr Kind niederschimpfen, sollten Sie „Ich-Botschaften“ formulieren: „Sieh mal, ich habe gerade die Wohnung schön gemacht, und nun muss ich wieder von vorn anfangen. Ich hätte jetzt gern ein bisschen Zeit für mich gehabt.“ Diese Worte erreichen viel besser ihr Ziel, denn das Kind muss nicht abblocken, um sich vor den Vorwürfen zu schützen, sondern kann sein Verhalten objektiv einschätzen. Es fühlt sich nicht in seiner Person angegriffen.

Noch etwas in der zitierten Schimpf-Tirade sollte unterbleiben: die Verallgemeinerung. „Immer musst du dich dreckig machen.“ „Du achtest nie darauf, wohin du trittst.“ Kein Wunder, dass ein Kind bei solchen Vorwürfen „dicht macht“. Denn Verallgemeinerungen sind erstens unrichtig – woher wissen Sie, dass Ihr Kind nicht schon häufig aufgepasst hat, um sich nicht allzu schmutzig zu machen? –, zweitens provozieren sie geradezu ein Eskalieren des Streits. Das Kind wird natürlich versuchen, sich zu rechtfertigen: „Gar nicht wahr, gestern habe ich mir die Schuhe abgeputzt!“ Und dann folgt vielleicht ein „Immer musst du meckern!“ Diese Verallgemeinerung werden Sie vermutlich ebenso wenig richtig finden wie Ihr Kind das „Immer“ und „Nie“, das Sie ihm entgegen geschleudert haben. Darum: Beziehen Sie Ihre Kritik auf die konkrete Situation.

Fairness beim Streiten bedeutet auch, Vergleiche mit anderen Kindern zu unterlassen. „Der Nico von nebenan ist viel fleißiger als du.“ „Sina bastelt so schön. Warum musst du immer nur herumtoben?“ „Johanna und Johannes gehen ihren Eltern längst nicht so auf die Nerven wie ihr beide.“ Wenn Sie nicht wollen, dass Eifersucht auf die heldenhaften fremden Kinder entsteht und der Kontakt zwischen Ihren und den anderen Kindern beschädigt wird, dann vermeiden Sie solche Vergleiche. Sie setzen Ihr Kind herab und vermitteln ihm das Gefühl, minderwertig im Vergleich zu anderen zu sein. Und das ist es doch ganz gewiss nicht. Auch in der Streit-Situation sollten Sie sich immer bewusst sein, wie einzigartig und nett Ihr Kind ist. Nur eben ab und zu kein Engel.

Die eigene Position darlegen und die des Kindes wahrnehmen - auch das gehört zum fairen Streiten. Ein Kind niederzubrüllen ist nicht erlaubt. Es muss Gelegenheit bekommen, sich zu den Anschuldigungen zu äußern und Ihnen zu widersprechen. Zweck eines Streites darf nicht sein, sich nur Luft zu machen und das Kind dann verstört zurückzulassen. Und wenn es mal passieren sollte, dass Sie explodieren und blind vor Ärger auf das Kind einschimpfen, dann müssen Sie auch die Größe haben, sich später dafür zu entschuldigen. Allerdings sollten Sie damit rechnen, dass Ihre Autorität darunter leidet, wenn Ihr Kind Sie permanent als unberechenbares Emotionsbündel erlebt. Lieber bei aufwallender Wut aus dem Zimmer gehen, tief durchatmen und dann mit dem Kind sachlich sprechen.

Vieles, was uns an unseren Kindern stört, hat mit uns selbst zu tun. Sie regen sich darüber auf, dass Ihr Kind zu laut und ungestüm ist? Überlegen Sie doch einmal: Fühlen Sie sich selbst manchmal übermäßig eingespannt und angepasst? Würden Sie gern selbst ab und zu wild und unkonventionell sein? Haben Sie möglicherweise Ihren eigenen Wunsch, ganz ohne es zu merken, an Ihr Kind delegiert?

Müssen Eltern perfekte Vorbilder sein?

Wie gern wären wir perfekte Eltern. Sehen die Reklame-Mutter im Fernsehen vor uns, die milde lächelt, wenn die Kinder mit schmutzigen T-Shirts nach Hause kommen. Oder den Vater im anderen Spot, der nach der Präsentation einer Fünf in Mathe seinem Sohn liebevoll über den Kopf streicht und dann gut gelaunt seine Tasse Kaffee genießt. Und wir? Wir schimpfen unser Kind aus, wenn es das neue T-Shirt eingeferkelt hat, und bei einer Fünf in Mathe ist uns nicht danach zumute, dem Filius über den Kopf zu streichen. Erziehungsratgeber haben wir gelesen, ganze Regalbretter voll, aber wenn es darauf ankommt, rasten wir aus. Zweifel an unserer erzieherischen Befähigung schleichen sich in unser Selbstwertgefühl. Schließlich ist es doch vor allem unser Vorbild, das die Kinder prägt und ihnen den Maßstab für Werte mitgibt.

Es ist richtig, sein Verhalten den Kindern gegenüber immer wieder zu reflektieren und zu hinterfragen. Vom Anspruch, perfekt zu sein, sollten wir uns allerdings ganz schnell verabschieden. Perfekt kann eine nett eingerichtete Wohnung sein, eine Maschine, ein Auto vielleicht. Ein Mensch aber ist ein Wesen mit Ecken und Kanten, fehlbar und unterschiedlich gelaunt. So sind Eltern, und so sind Kinder. In der kleinen sozialen Gemeinschaft, der Familie, treffen Persönlichkeiten mit Macken und Unzulänglichkeiten aufeinander, und eine gute Gemeinschaft ist es, wenn all die kleinen menschlichen Fehler sein dürfen, ohne dass die Familie daran Schaden nimmt. In einer solchen Familiengemeinschaft ist Leben und Bewegung, sie bietet die Möglichkeit, aneinander zu wachsen, Rücksichtnahme zu üben und gleichzeitig für die eigenen Interessen zu streiten.

Wie langweilig wären „perfekte“ Menschen! Kinder, die das Wort Nein nicht kennen, die durchgehend brav und pflegeleicht sind und ihren Eltern aufs Wort gehorchen. Und die Eltern? Immer lächelnd und ausgeglichen, immer pädagogisch optimal handelnd, immer verständnisvoll und in allen Lebenslagen erfolgreich. Wie furchtbar wäre eine solche Familie. Wie leblos und lieblos. Wer sich mal so richtig ärgern kann, der kann auch richtig lieben. Wenn die Fetzen geflogen sind, weil der eine den andern mal wieder zur Weißglut gebracht hat, dann fließt bei der Versöhnung das Herz über.

Warum haben wir so viel Angst, etwas falsch zu machen? Warum sind unsere Ansprüche an uns selbst so hoch? Warum ist der Perfektionismus ein erstrebenswertes Ziel? Vielleicht, weil die Welt, in der wir leben, eine Welt des machbaren Glücks und des schönen Scheins geworden ist. Körperliche Makel werden operativ behoben, aus den Medien lachen uns nur glückliche Gesichter entgegen, und für jedes Problem gibt es scheinbar die passende Lösung. Nur wir selbst scheinen in diese perfekte Welt nicht zu passen mit all unseren Sorgen und Unzulänglichkeiten.

Vor allem allein erziehende Mütter muten sich oft zu viel zu, um ja nichts falsch zu machen. Sie wollen sicher gehen, dass es ihrem Kind an nichts fehlt, denn schließlich kann es nichts dafür, dass der Vater nicht bei ihm ist. Also schuften diese Mütter für zwei, wollen alles ganz besonders gut machen und dem Kind den fehlenden Elternteil ersetzen. Und ständig plagt sie das schlechte Gewissen. Besonders wenn sie berufstätig sind, befürchten sie bei ihrem Kind Defizite durch mangelnde Zuwendung, zu wenig gemeinsam verbrachte Zeit oder materielle Einschränkungen. Fachleute hingegen haben herausgefunden, dass die meisten Kinder berufstätiger Mütter keine Defizite verspüren: Sie werden früh selbstständig und arrangieren sich recht gut mit der Situation. Das, was ihnen in der Familie fehlt, holen sie sich außerhalb des Elternhauses: Tanten und Onkel, Großeltern oder die nette Nachbarin sind ganz hervorragende Zusatz-Eltern. Übrigens nicht nur für die Kinder allein Erziehender.

Eltern, die in sich den Zwang zur Perfektion verspüren, wollen auch perfekte Kinder haben. Und da beginnt es gefährlich zu werden. Ein Kind, das nur gute Schulnoten nach Hause bringen darf, das weder im Sport noch am Klavier versagen darf, ist grenzenlos überfordert. Es wird funktionalisiert als Lebenserfüllung seiner Eltern. Und später, wenn es endlich seinen eigenen Weg gefunden hat, der den Erwartungen seiner Eltern vielleicht nicht zusagt, heißt es dann: „Wir haben doch alles für dich getan ...“. Ein grausamer Satz, der so klingt, als fordere jemand die Zinsen ein für ein Darlehen, das er auf einige Jahre gewährt hat. Wie viel angenehmer wäre doch ein solches Resümee: „Wir konnten nicht alles für dich tun, was wir hätten tun wollen. Wir haben uns bemüht, dir eine gute Kindheit zu bereiten und die Werte, die uns wichtig waren, an dich weiterzugeben. Wir sind dabei oft an unsere Grenzen gestoßen. Wir mussten uns manchmal über dich ärgern und auch über uns selbst. Aber wir haben dich sehr lieb, genau so wie du bist.“

Kinder brauchen keine Eltern, die „alles für sie tun“ und in der Familie bürokratische Pflichterfüllung demonstrieren. Ein warmherziger, unverkrampfter Umgang miteinander, viel Toleranz den anderen und auch sich selbst gegenüber – das ist ein wichtiger Wert, vielleicht sogar derjenige, auf dem alle anderen Werte wachsen können.

Lernen durch Spielen

All das, was ein Kind erfährt, probt und verfestigt es in seinem Spiel. Nach der Zugfahrt zur Tante schleppt es Stühle aus der ganzen Wohnung heran und spielt „Zug“ - unermüdlich und in den unterschiedlichen Rollen. Erich Kästners Kinderroman „Pünktchen und Anton“ schildert eine Szene, in der das reiche Industriellen-Töchterchen Pünktchen ihr nächtliches Erlebnis - das Betteln auf Geheiß der Kinderfrau - im Kinderzimmer nachspielt, und so kommt ihr der Vater auf die Schliche. Erich Kästner, selbst kinderlos, aber mit großer psychologischer Beobachtungsgabe ausgestattet, beschreibt mit dieser Szene eine ganz typische Situation: Das Kind ahmt nach, was es erlebt und erfahren hat, macht sich die Welt der Erwachsenen zu eigen, indem es sie in seinen Verständnishorizont überträgt.

Den Besuch beim Arzt stellt das Kind mit dem Teddy als Patient und einem Stöckchen als Spritze dar. Ein paar Grashalme sind die Kräuter, die die Mutter mittags in die Suppe gestreut hat. Eine Papprolle symbolisiert das Laserschwert, mit dem der Held in der Nachmittagssendung im Fernsehen seine Widersacher besiegt hat.

Mit seinem Spiel verfestigt das Kind seine Beobachtungen, nimmt dabei eine aktive Rolle ein und probt das Leben der Erwachsenen. Ist das Kind noch klein, übt es mit den Erwachsenen die beobachteten Konventionen. „Bitte“, sagt es, und legt ein Spielzeug in die ausgestreckte Hand. Und blickt den Erwachsenen erwartungsvoll an, bis es ein „Danke“ hört. Später versetzt es die Puppen, Teddys, Legomännchen und sich selbst in die unterschiedlichsten Rollen, und ab dem Kindergarten-Alter arrangieren mehrere Kinder gemeinsam ihre Rollenspiele. Eines der Kinder aus der Gruppe hat gerade ein Geschwisterchen bekommen - natürlich wird das nachgespielt. Einfühlsame Erzieherinnen geben den Kindern Raum für solche Spiele, die aus einem aktuellen Anlass erwachsen. Aus ihnen können die Erwachsenen ablesen, welche Themen für das Kind gerade von Bedeutung sind. Vielleicht stellt das Kind zu diesen Themen auch Fragen, will ganz genau wissen, wie eine Geburt funktioniert und wie das Kind im Bauch der Mutter herangewachsen ist, gegessen und getrunken hat. Wenn ein Kind Neugier zeigt, Fragen stellt, ist das die beste Gelegenheit, ein Thema aufzugreifen. Vielleicht hat es gerade einen Bettler in der Fußgängerzone gesehen und will nun alles wissen: Warum sitzt der Mann da? Warum hat er kein Geld? Wo schläft er denn? Wo sind seine Kinder? Hat er keine Freunde? Geduldig sollten Sie solche Fragen Ihrer Kinder beantworten und ihm die Möglichkeit geben, das Erlebte im Spiel zu bewältigen. Denn sein Interesse und die spielerische Umsetzung sind Merkmal einer ganz wichtigen Fähigkeit: Das Kind gibt damit seinem Einfühlungsvermögen in das Denken und Fühlen anderer Menschen Ausdruck - es zeigt Empathie. Sie ist die Grundlage für soziales Verhalten.

Wie wichtig sind Konventionen?

„Konventionen sind mir egal; wichtig ist mir nur das, was wirklich von Herzen gemeint ist." Diesen Satz hört man häufig von Menschen, die auf der Suche nach Form und Inhalt eines erfüllten Lebens sind. Und tatsächlich scheint er plausibel: Konventionen wirken oft so oberflächlich, so ohne inneres Engagement und seelischen Tiefgang.

Kindern früherer Generationen wurden Konventionen eingebläut, weil die Etikette eben ein bestimmtes Verhalten vorschrieb. Doch kaum jemand machte sich die Mühe, den Kindern die Grundlagen dieses Verhaltens durchschaubar zu machen. „Warum muss ich mich für ein Geschenk bedanken?" „Weil das eben so ist!" oder, genau so schlimm: „Weil ich es so will."

Heutige Eltern speisen ihre Kinder nicht mehr so bequem ab. Sie versuchen zu erklären, dem Kind die Welt und deren Spielregeln zu verdeutlichen. Das kann mühevoll sein und verlangt eigene Reflexion. Aber gerade das ist auch eine große Chance: durch Kinderfragen den eigenen Standpunkt zu klären.

Warum also bedankt man sich? Weil es alle tun? Das wäre eine zu einfache Antwort. Mit einem „Danke" zeige ich dem anderen, dass ich seine Freundlichkeit registriert habe und sie nicht als selbstverständlich hinnehme. „Muss ich mich auch bedanken, wenn ich mich gar nicht darüber freue, was der andere mir geschenkt hat?" Vielleicht erwächst aus dieser Frage ein Gespräch darüber, ob nicht die Absicht des anderen, eine Freude zu machen, entscheidend ist. Ob man nur nett ist, wenn man selbst auch nett behandelt wurde. Ob man anderen zeigen sollte, dass man sie mag oder nicht mag. Ob man selbst ein „Danke" erwartet, wenn man dem anderen eine Freude gemacht hat.

Ein solches Gespräch bringt das Nachdenken in Gang und rückt das eigene Verhalten ins Bewusstsein. Kinder wollen über sich und die Welt nachdenken. Die vielen „Warum"-Fragen im Kindergarten-Alter zeigen ihre Lust am Ergründen und Hinterfragen dessen, was sie bisher erlebt und gelernt haben. Unermüdlich sind sie in ihrem Wissensdurst, und Eltern sind oft verblüfft, wie tiefgründig die Fragen und Gedanken ihrer Kinder sind.

Die Antworten darauf müssen dem Wissens- und Entwicklungsstand der Kinder angemessen sein. Es hätte wenig Sinn, einem Kind im Vorschul-Alter einen kulturhistorischen Abriss der sich wandelnden Sitten und Gebräuche zu präsentieren. Ganz unmittelbar, plastisch und nachvollziehbar sollen die Antworten auf Kinder-Fragen sein. Und die meisten Fragen nach dem Sinn von Konventionen kann man schlicht beantworten: „Weil der andere sich darüber freut".

„Und warum spricht man nicht mit vollem Mund?" Hier wird es heikel: Umgangsformen sind historisch gewachsen und bei den einzelnen Kulturen unterschiedlich. Doch auch solche Fragen lassen sich kindgerecht beantworten: Weil man dich sonst nicht verstehen würde. Weil du dich verschlucken könntest. Oder: Weil es nicht schön aussieht. Auch Ästhetik ist ein Argument, das Kinder verstehen können.

Sind Sie selbst skeptisch, was Konventionen betrifft? Hassen Sie den ganzen Klimbim um den Muttertag herum und würden Weihnachten lieber unter Palmen auf den Malediven verbringen als unter der konventionellen deutschen Tanne? Das sei Ihnen gegönnt, und niemand hat bisher bewiesen, dass einem Kind etwas fehlt, wenn es seine Geschenke am Meer auspackt anstatt zu Hause im Wohnzimmer. Doch auch wenn Sie ein modern denkender, unsentimentaler Mensch sind: Nehmen Sie Ihrem Kind nicht die Freude an seinen eigenen Konventionen. Wenn es im Kindergarten ein Muttertagsherzchen zusammengeklebt hat und Ihnen das stolz präsentiert, dann kommentieren Sie das nicht mit einer ironisch-arroganten Bemerkung über die Abartigkeit und Geschäftemacherei des Muttertags. Ihrem Kind würden Sie damit weh tun. Es hat seine Kraft und Mühe in die kleine Bastelei gesteckt und sein Geschenk kommt von Herzen, auch wenn der Anlass „nur" der Muttertag war. Lassen Sie dabei Ihren kritischen Verstand ausgeschaltet, hören Sie auf Ihr Gefühl, das Ihnen sagt: In dieser kleinen Bastelei liegen die Liebe und das Vertrauen Ihres Kindes.

Kinder brauchen Konventionen, denn sie geben ihnen Struktur und Verlässlichkeit. Sie wollen wissen, wie die Gesellschaft funktioniert und sich daran halten können. Pedantisch genau versuchen Kinder, die Gesetze des Umgangs untereinander einzuhalten, und in jeder Kindergarten-Gruppe kommentieren die Kinder sich gegenseitig; „Das tut man nicht!" Das, was sie gelernt haben im Umgang mit ihren Eltern, den Erzieherinnen und Freunden, wollen sie praktizieren und sind dabei sehr korrekt. Kinder, die Konventionen und verbindliche Handlungsstrukturen nicht erfahren haben, machen sich auf die Suche danach. Entweder, indem sie sich übermäßig angepasst verhalten. Oder indem sie ihre Grenzen ständig neu zu definieren versuchen, indem sie wild und unbändig fordern, in überschaubare Bahnen gelenkt zu werden.

Rituale geben Sicherheit

Kinder sind auf der Suche nach dem „Richtig" und dem „Falsch" im Leben, und genau wie das Einhalten von Konventionen geben auch Rituale dem Kind Sicherheit. Immer wieder möchte das Kind die gleiche Geschichte vorgelesen bekommen, und wehe, der Vorleser hält sich nicht wortgetreu an das gestern oder vorgestern Gehörte: „Lies die Geschichte doch richtig!"

Kinder lieben Rituale. Die gemütliche Gutenacht-Geschichte auf der Bettkante, anschließend noch ein Lied oder ein kleines Gebet, die Decke wird zurecht gezupft, der Kuschelhase in den Arm gelegt. Genau so muss es sein. Immer wieder, jeden Abend. Und wenn etwas ausgelassen wurde, dann fordert das Kind es ein: „Du hast mir gar kein Küschen gegeben!"

Rituale geben Beständigkeit und versichern dem Kind, dass alles heute noch so ist, wie es gestern war und dass es morgen auch so sein wird. In der aufregenden Phase der ersten Lebensjahre, in der so viel Unbekanntes auf das Kind einstürmt, braucht es diese beruhigenden Inseln der Verlässlichkeit. Es liebt den Moment am Morgen, wenn die Mutter ins Zimmer kommt und es mit den immer gleichen Worten begrüßt: „Guten Morgen, kleiner Langschläfer. Die Sonne ist schon da." Es liebt den gemeinsam aufgesagten Spruch vor dem Mittagessen im Kindergarten. Es liebt die regelmäßigen Tobestunden mit dem Papa am Abend.

Und oft sind es die Rituale in der Familie, an die sich ein Kind sein Leben lang erinnert. „Wir sind früher jeden Samstag zum Bauern gegangen und haben da Eier gekauft. Die vielen Tiere und der Geruch auf dem Hof ... Es war spannend da. Und wenn wir einmal nicht gegangen sind, dann fehlte richtig etwas." Oder: „Zu meinem Geburtstag hat meine Großmutter immer die leckere Orangen-Torte gebacken. Es gibt nichts, was besser schmeckt!" Es sind die wiederkehrenden Ereignisse, an die wir uns später am deutlichsten erinnern und die wir in unserer Erinnerung noch lange mit Bildern, Gefühlen, Gerüchen und Geschmacksempfindungen verbinden. Sie haben sich tief in die Seele eingegraben.

Das Drachen-steigen-Lassen im Herbst und dazu der Geruch der Kartoffelfeuer und der nassen Erde auf dem Stoppelfeld. Das Weihnachts- und das Osterfest mit seiner festen Abfolge von aufregenden Ereignissen. Der Geburtstag, zu dem der Lichterkranz um eine weitere Figur oder Kerze ergänzt wird. Die Zeugnisausgabe in der Schule und dann das herrliche Gefühl von Ferien und Freiheit. Nicht nur die täglichen kleinen Rituale in der Familie sind es, die unvergesslich sind – auch die jahreszeitlichen Ereignisse, die Geduld und Warten erfordern, sind so wichtig, dass sie das Gedächtnis nicht wieder hergibt.

Geduld haben: ein Wert, der heute nicht mehr selbstverständlich ist. Wer Lust auf Erdbeeren hat, muss nicht bis zum Mai warten; in den großen Supermärkten ist das Angebot rund ums Jahr nahezu identisch. Den ersten Schultag herbeisehnen: Wohlmeinende Eltern versehen auch das jüngere Geschwisterkind mit einer Schultüte in Miniformat, nur damit es nicht neidisch wird am großen Tag der älteren Schwester oder des älteren Bruders. Manchmal scheint es, als könnten Eltern die Ungeduld ihrer Kinder nicht aushalten. Die prompte Befriedigung aller Wünsche ist ja auch nahe liegend. Aber sie entspricht nicht dem inneren Bedürfnis des Kindes. Ein Kind kann warten, auch wenn es vor Ungeduld fast platzt. Um so schöner und unvergesslicher ist es dann, das Ersehnte erreicht zu haben.

Rituale helfen dem Kind, mit seiner Ungeduld umzugehen. Sie sind die Sahnehäubchen im Alltag, sie geben dem Kind die Sicherheit und Beständigkeit, die es braucht.

Und wo bleibt die Spontaneität? Auch und vor allem für sie muss Platz sein im Leben mit einem Kind. Ein ausschließlich von Ritualen geprägter Tagesablauf wäre starr und leblos. Und der Alltag mit dem Kind soll doch das Gegenteil davon sein: lebendig und voller Bewegung. Rituale sind wie gemütliche, nette Tanten, die dem Kind ab und zu über den Kopf streichen. Eben die Sahnehäubchen.

Von der Macht der Gewohnheit

Die Zähne putzen, den Schlafanzug anziehen und dann ins Bett schlüpfen – alltägliche Verrichtungen werden zur Routine, die das Kind verinnerlicht und als naturgegeben hinnimmt. So wie morgens die Sonne aufgeht und abends wieder untergeht, akzeptiert ein Kind die Gesetze und Regelmäßigkeiten in seinem Leben. Kein Kind bockt, wenn es Herbst wird oder Winter: das ist eben so. Und wenn der Fernseher erst abends ab den Nachrichten läuft, dann wird das Kind das akzeptieren, so wie es akzeptiert, dass es im Winter kalt ist und im Sommer warm. Mit Ihrem Verhalten, Ihren Gesetzen in der Familie, haben Sie es in der Hand, Ihr Kind an Strukturen zu gewöhnen, die Ihnen wichtig sind.

Gläubige Eltern sprechen vielleicht ein Gebet vor dem Essen und vor dem Schlafengehen – wenn ein solches Ritual ein fester Bestandteil des Tages ist, wird das Kind gar nicht auf die Idee kommen, das zu hinterfragen oder sich dagegen aufzulehnen. Wenn es Süßigkeiten nur an einem Tag der Woche gibt oder nur nach den Mahlzeiten oder wie immer Sie die Naschsucht handhaben – Ihr Kind akzeptiert es, wenn es das nur so und nicht anders kennt.

Alle Verhaltensweisen, die Sie für wichtig und richtig halten, sollten Sie zur Routine machen, sie als selbstverständliche Bestandteile des alltäglichen Lebens praktizieren. Sich für eine nette Geste bedanken, zu gewissen Zeiten aufräumen, die Haustiere regelmäßig versorgen, fremden Menschen freundlich gegenübertreten ... Dinge, die Sie an Ihre

Kinder weitergeben möchten, sollten wie ein Naturgesetz verlässlich passieren.

Verunsichert wird das Kind, wenn es Ihr Verhalten als widersprüchlich oder willkürlich erlebt. Mal muss das Kind abends die Zähne putzen, mal nicht. Mal darf es nachmittags die Fernsehserie sehen, die Ihnen eigentlich gar nicht behagt, und mal nicht. Mal wird ihm eine bestimmte Aufgabe abverlangt und mal nicht. Es ist kein Wunder, dass das Kind bei Verhaltensweisen, die es ständig als unberechenbar und spontan erlebt, auf Konfrontationskurs geht. Denn auf der einen Seite sieht das Kind seine Eltern als Autorität, auf der anderen Seite aber als Instanz, an der es seine Durchsetzungskraft messen kann. Eine Mutter, ein Vater, die wie ein Fähnchen im Wind ihre Botschaften nach der jeweiligen Stimmung ausrichten, müssen auf Konfrontation gefasst sein. Immer wieder wird das Kind austesten wollen, wie weit es im Moment gehen kann, immer wieder wird es seinen Willen dem seiner Eltern entgegensetzen. Das muss so sein, denn es muss ja seinen eigenen Willen ausbilden. Es muss sich messen an der Welt, muss seine Möglichkeiten und Grenzen erst ausloten. Und schlimm wäre es, wenn das Kind in seinen Eltern keine Projektionsfläche fände, an der es sich ausprobieren und mit der es Antwort auf sein Verhalten finden könnte. In vielen Situationen kann es das tun: beim Schuhekaufen oder beim Betteln um eine weitere Karussellfahrt, bei der Diskussion um die Qualität des Mittagessens oder bei der Auswahl des Vorlese-Stoffs. In Dingen aber, die Ihnen existenziell wichtig sind – bei den Qualitäten, die Sie in der Persönlichkeit Ihres Kindes fest verankern wollen – sollten Sie fest, stark und verlässlich sein und Ausnahmen wirklich nur als Ausnahmen gelten lassen. Mit Ritualen und routinierten Verhaltensweisen geben Sie Ihrem Kind die Markierungspunkte für seine Persönlichkeit.

„Papa sagt aber ...“ – Wenn die Eltern sich nicht einig sind

Kinder finden schnell heraus, wie sie sich Vorteile verschaffen können, wenn ihnen bestimmte Regelungen im Umgang miteinander nicht so recht passen. Und sie sind Weltmeister darin, die eigenen Eltern gegeneinander auszuspielen, wenn sie spüren, dass das funktioniert. Simon wird von der Mama um acht Uhr ins Bett geschickt, der Papa erklärt aber augenzwinkernd, so ein großer Junge könnte doch ruhig ein bisschen später schlafen gehen. Und Annas Vater legt Wert darauf, dass das Kinderzimmer abends aufgeräumt wird, der Mutter aber ist das Durcheinander in Annas Reich ziemlich egal; sie freut sich vielmehr, dass ihre Tochter offensichtlich kreativ gespielt hat und hält den Wunsch ihres Mannes für pingelig und rigide.

Kein Wunder, dass sich in solchen Fällen das Kind die angenehmere Variante heraussucht und den Elternteil, der die größere Freiheit einräumt, zum Anwalt seiner Wünsche gegen den anderen einsetzt. Jeder Erwachsene würde das genauso tun: Man sucht Verbündete, um seine Ziele zu verwirklichen. Und das Früh-zu-Bett-Gehen oder regelmäßige Zimmer-Aufräumen entsprechen nun mal nicht den Wünschen der meisten Kinder.

Also schlägt sich das Kind auf die Seite des einen Elternteils, saugt dessen Argumente in sich auf, um sie dem anderen aufzutischen. Manchmal ist solche Intervention gar nicht nötig, beide Eltern befinden sich flugs in hitzigem Disput um das richtige Erziehungskonzept, derweil bleibt das Zimmer unaufgeräumt und die Zeit zum Schlafengehen ist längst vergangen.

Werden solche Auseinandersetzungen friedlich und freundlich ausgefochten, trägt das Kind vermutlich keinen Schaden davon, wenn seine Eltern uneins sind. Im Gegenteil: Bei fair ausgetragenen Meinungsverschiedenheiten erlebt und lernt das Kind die Kultur des gepflegten Streitens. Und es ist durchaus in der Lage einzusehen, dass Vater und Mutter keine homogene Elternmasse sind, sondern zwei Persönlichkeiten mit unterschiedlichen Charakteren und Meinungen. Allerdings macht solche Offenheit das erzieherische Alltagsleben schwer: Immer wieder wird das Kind versuchen, den einen gegen den anderen auszuspielen und seine Vorteile zu finden wissen. Die Orientierung für das, was richtig oder falsch ist, trägt es in diesem Moment in sich selbst. Einfacher und wirkungsvoller ist es darum, wenn Eltern sich ohne Beteiligung des Kindes über ihre unterschiedlichen Ansichten unterhalten und versuchen, eine für beide vertretbare Lösung zu finden, die vielleicht in einem Kompromiss bestehen kann.

Eines sollten Eltern auf jeden Fall unterlassen: sich im Beisein ihres Kindes heftig, lautstark und verletzend zu streiten. Bei Paaren, die Schwierigkeiten miteinander haben, entlädt sich die Frustration und Wut aufeinander oft in Gefechten um die richtige Erziehung des Kindes. „Du engst das Kind zu sehr ein!“ „Und du lässt ihm viel zu viel Freiraum!“ Wie fühlt sich ein Kind wohl, wenn die beiden Menschen, die es am meisten liebt auf der Welt, aufeinander losgehen und der Mittelpunkt dieses Streits das Kind ist? „Ich bin Schuld, dass sich meine Eltern streiten“: Ist es nicht verständlich, dass ein Kind in diesem Fall so empfinden muss? Und gibt es etwas Schlimmeres als dieses Gefühl?

Deshalb, auch bei der größten Wut aufeinander: Machen Sie Ihrer Unzufriedenheit über Ihren Partner nicht über das Thema Erziehung Luft. Sie treffen damit mehr Ihr Kind als den Partner. Für Dispute über die „richtigen“ Erziehungsmaßnahmen sollten die Köpfe klar sein und die Herzen ohne Groll aufeinander. Und Zuhörer braucht es dabei auch nicht unbedingt.

So motivieren Sie Ihr Kind

„Ich rede mir den Mund fusselig, aber mein Kind tut einfach nicht, was es soll.“ Viele Eltern sind enttäuscht, sauer, wütend, wenn ihre verbalen Appelle folgenlos verhallen und ihr Kind seine Ohren regelmäßig auf Durchzug stellt. Dabei ist es doch gar kein Wunder: Wenn ständig von außen gefordert und verlangt wird, ohne dass das Kind Einsicht in Sinn und Zweck der Forderungen gewinnen kann, reagiert es darauf so, wie es auch jeder Erwachsene tun würde: durch Gleichgültigkeit, durch inneres Abschalten. Das ist nicht „böse“, sondern ein Selbstschutz.

Der Zugang zum Kind kann viel besser, eindrücklicher und für alle Seiten nervenschonender gelingen, wenn dem Kind die Möglichkeit gegeben wird, sich bei einer Aufgabe innerlich zu engagieren, sie ohne Zwang und aus innerer Überzeugung zu bewältigen. So wird aus Forderung Motivation. In diesem Begriff verbirgt sich das Wort „Motiv“. Es ist der „Motor“ für jeden Menschen, etwas zu tun. Ein Mensch, der motiviert wird, fühlt ein Motiv in sich angesprochen; er handelt, weil er den Zweck dieses Handelns erkannt hat.

Motivation ist aber mehr als dem anderen eine Forderung verständlich zu machen. Denn so unterschiedlich die Menschen sind, so unterschiedlich sind auch die Motive, etwas zu tun. Kein Kind ist wie das andere, jedes hat seine Persönlichkeit mit individuellen Vorlieben und Abneigungen, Vorzügen und Nachteilen, Kompetenzen und Defiziten. Ein Kind zu etwas zu motivieren kann deshalb nicht rezepthaft gelingen: Die Motivation muss sich an seiner Persönlichkeit ausrichten und es dort ansprechen, wo es empfänglich ist.

- Laura ist ein durchsetzungsfreudiges Wesen, sie versucht forsch ihre Wünsche und Ziele durchzusetzen. Ihr Motiv ist Selbstbestätigung. Sie braucht viel Zuspruch und Zustimmung von außen und möchte immer wieder hören, dass sie etwas gut gemacht hat.
- Max ist eher ein kreativer Mensch, der stundenlang bastelt oder liest. Sein Motiv ist nicht der Erfolg, sondern das Tun selbst: Er möchte seine Persönlichkeit ausleben können.
- Alexander ist sehr darauf bedacht, dass ihm in der Familie die Achtung zukommt, die seiner Rolle als älteres Geschwisterkind entspricht. Er neigt zur Eifersucht. Sein Motiv liegt darin, in seinem sozialen Umfeld respektiert zu werden.
- Saskia ist viel daran gelegen, mit anderen gut auszukommen und in Harmonie zu leben. Sie möchte als Teil der sozialen Gruppe - Familie, Kindergarten, Schule - akzeptiert werden und scheut Konflikte.

So unterschiedlich können die Persönlichkeitsmerkmale von vier Kindern aussehen. Versuchen Sie einzuschätzen, welche Motive das Handeln Ihres Kindes vorantreiben. Und diese Motive sind es, die Sie ansprechen sollten. Denn Motivation heißt: das Kind in Freiheit in die Bahnen zu lenken, die es dazu befähigen, sein Leben gut zu bewältigen. Motivation richtet sich immer an die Einsicht und die Freiwilligkeit, sie gibt dem Kind den kleinen Stups, den es braucht, um selbst wirkungsvoll zu handeln.

Zwei Motive sind bei allen Kindern von Anfang an vorhanden: Das Sicherheitsbedürfnis und der Wunsch, den Normen zu entsprechen, die die Eltern vorgeben.

Ein Blick in die Lernpsychologie

Wie ein Kind sich motivieren lässt, hängt auch von seinem Selbstbild ab. Wenn etwas nicht gelingt, verzagen einige Kinder schnell, andere fühlen sich erst recht herausgefordert. Psychologen sprechen von „Leistungsorientierung" und „Lernorientierung". Leistungsorientierte Kinder zweifeln oft an ihrer Intelligenz, sie sind bemüht, ihre Kompetenz unter Beweis zu stellen und Versagen zu vermeiden. Wenn sie versagen, schreiben sie den Misserfolg mangelnder Fähigkeit zu. Lernorientierte Kinder sind sich ihrer Intelligenz bewusst; sie nutzen ihre Kräfte, um die gestellte Aufgabe zu lösen und voranzukommen. Ihr Ziel ist nicht in erster Linie, sich positiv darzustellen, sondern tatsächlich Erfolg zu haben. Die Ursache für das Misslingen einer Aufgabe sehen sie in mangelnder eigener Anstrengung. Die lernorientierten Kinder, so fand man heraus, sind erfolgreicher als die leistungsorientierten Schüler. Ein Scheitern motiviert sie zu größeren Anstrengungen, während es die leistungsorientierten Kinder eher den Mut verlieren lässt.

Wie sehr das Selbstbild die Lernfähigkeit und das Bewältigen von Aufgaben beeinflusst, zeigt ein Experiment mit einer Gruppe von Kindern, die als unkonzentriert und impulsiv galten. Sie sollten Lotto-Kärtchen zuordnen, zuerst als sie selbst, dann als „Schauspieler", die kluge, fähige Personen verkörpern. In der Rolle der Schauspieler erzielten die Kinder weitaus bessere Ergebnisse als zuvor in der „Ich-Rolle" (R. Hartley: „Imagine you're clever", in: Journal of Child Psychology and Psychiatry, 3/1986).

Das Bild, das ein Kind von sich selbst hat, ist also entscheidend für seine Aufnahmefähigkeit und seine Lernbereitschaft. Und offenbar ist auch die Eigenverantwortung, die ein Kind fühlt - oder nicht fühlt - ein Faktor dafür, ob ein Kind zugänglich ist. „Es geht ja doch alles schief" oder „Ich kann nichts dafür" - diese Art von Fatalismus, der ein Misslingen, aber oft auch ein gutes Gelingen auf die äußeren Umstände schiebt, lässt Kinder verzagen. Sie fühlen sich passiv dem Leben ausgeliefert. Kinder dagegen, die sich für ein Gelingen oder Scheitern selbst verantwortlich fühlen, lernen besser: Sie starten nach einem Fehlschlag durch und arbeiten aktiv an einer Verbesserung.

Drei Tipps zur Motivation

- Finden Sie heraus, welche Hauptmotive in der Persönlichkeit Ihres Kindes eine Rolle spielen. Diese Motive sind es, bei denen das Kind „zu packen" ist. Die Aufgaben, die Sie dem Kind stellen und die Wünsche, die Sie bezüglich seines Verhaltens haben, müssen zu Ihrem Kind passen. Ein kreatives, schüchternes Kind „ins kalte Wasser zu werfen" und ihm kommunikative Höchstleistungen abzuverlangen kann nicht gelingen. Es muss behutsam, Schritt für Schritt, aus seiner Schüchternheit herausgeführt werden. Bedingung dafür ist, dass es sich in seiner Wesensart und Persönlichkeit ernst genommen und respektiert fühlt.
- Sorgen Sie für ein positives Familienklima. Hier gedeiht das Verständnis füreinander am besten. Eine positive Weltsicht sagt uns: Wenn ich heute bei etwas scheitere, werde ich es morgen schaffen. Wenn ich etwas nicht kann, kann ich es lernen. Was mich hindert, kann ich überwinden. Ich kann etwas verursachen und bewirken. „Eigenlob stinkt" - dieses Sprichwort sollten Sie am besten

vergessen. Man darf stolz auf sich selbst sein, als Kind und auch als Erwachsener.

- Fordern Sie Ihr Kind heraus. Geben Sie ihm Aufgaben, die es schon meistern kann. Dadurch erfährt das Kind, dass es selbst für sein Handeln Verantwortung trägt. Hat ein Kind die Erfahrung gemacht, dass es wirksam etwas tun kann, motiviert es sich dadurch selbst, neue Aufgaben zu bewältigen. Wenn Sie merken, dass es mit einer Aufgabe noch nicht so gut zurechtkommt, lassen Sie es die Aufgabe in Teilbereichen schrittweise erledigen. Ein erreichtes Ziel treibt voran, motiviert zum Weitermachen. Ist etwas misslungen, wird es erneut probiert, ohne Kritik oder Strafe. Ein Kind, das sich für sein Tun verantwortlich fühlt, ärgert sich selbst über sein Versagen. Da braucht es keine Kommentare von anderen.

Fünf Euro für die Mathe-Arbeit?

Gut gemeint ist es, wenn Eltern erwünschtes Verhalten mit Geld oder anderen Zuwendungen belohnen. Dieser Ansporn, so meinen viele, sorgt dafür, dass sich das Kind auch in Zukunft anstrengt und sein Bestes gibt. Doch materielle Zuwendungen als Belohnung sollten Ausnahmen bleiben. Denn sonst gewöhnt sich das Kind daran, sein Ziel in der Belohnung zu sehen anstatt in seiner eigenen Leistung. Das Ergebnis jeder Erziehung soll die Ausbildung der Eigenständigkeit im Denken und Handeln, das Vertrauen auf die eigene Wahrnehmung sein und nicht das mechanische Funktionieren. In sich selbst soll das Kind allmählich spüren, wann es richtig und wann es falsch handelt, dass es auch Spaß machen kann, sich anzustrengen, um ein Ziel zu erreichen. Wird es daran gewöhnt, dass ihm ständig andere diese Gewissensarbeit abnehmen – indem sie belohnen oder strafen –, lernt es nicht, sich selbst zu beurteilen. Es orientiert sich an den Urteilen anderer und verliert die Freude an den Ergebnissen seiner Anstrengung. Ein „Gewissen“ - das Bewusstsein für richtiges und falsches, gutes und schlechtes Handeln - kann sich nur ausbilden, wenn das Kind den Maßstab dafür selbst zu erkennen lernt.

Die natürlichste Form der Motivation ist die Selbstmotivation. Jedes Kind bringt sie mit auf die Welt; sie sorgt dafür, dass es als Baby sitzen, laufen, sprechen lernt. Es ist nicht nötig, dass die Mutter jeden Lernschritt mit Begeisterungsrufen begleitet. Das Kind will sitzen, laufen, sprechen. Und das ist Ansporn genug. Natürlich braucht es Zuspruch und positive Feedbacks für sein Tun. Darüber freut es sich, denn es möchte geliebt werden. Doch freundliche Zuwendung sollte nicht unmittelbar und ausschließlich an erbrachte Leistung geknüpft sein: Wer seinem Kind nur liebevolle Zuwendung schenkt, wenn es etwas gut und richtig macht, konditioniert es, macht es unselbstständig und abhängig vom Urteil anderer. Liebevoll soll der gesamte Umgang mit dem Kind sein, auch wenn es gerade nichts geleistet hat oder der Erfolg bescheiden war. Liebe richtet sich an die Person, nicht an eine erbrachte Leistung.

Darum sollten wir vorsichtig sein mit Lobeshymnen und materiellen Zuwendungen als Belohnung für erwünschtes Verhalten. Das Kind gewöhnt sich daran und empfindet sie als „verdient“. Und wenn sie irgendwann ausbleiben, entsteht Frust statt Motivation. Das bedeutet nicht, dass das Kind nicht Anerkennung für sein Tun erhalten soll. Ein - eher sparsam gebrauchtes - „Das hast du gut gemacht“ ist wirkungsvoller als ständiges Loben (vgl. auch das Kapitel „Ein Lob muss aus dem Herzen kommen“).

Einflüsse

Die Eltern sind nicht die Einzigen, die ihr Kind prägen. Auch Verwandte, Bekannte und Freunde und die vielen Erfahrungen außerhalb des Elternhauses haben Einfluss auf das Denken und Fühlen des Kindes - und nicht immer sind diese Einflüsse so, wie die Eltern sich das wünschen. Vor allem Medien wie Bücher oder das Fernsehen schleichen sich - manchmal von den Eltern unbemerkt - in die Erfahrungswelt der Kinder.

Bis zu einem gewissen Alter des Kindes lassen sich solche Einflüsse noch durch die Eltern steuern: durch die Auswahl geeigneter Bücher und Fernsehsendungen, durch ein vorsichtiges Stärken oder Zurücknehmen der Kontakte. Irgendwann ist das Kind groß und gefestigt genug, um die Qualität der Einflüsse zu erkennen und sich entsprechend zu verhalten; bis dahin braucht es den Schutz und die sanfte Steuerung seiner Eltern. Sie entscheiden, noch stellvertretend für ihr Kind, was es prägen und was ihm besser erspart bleiben sollte.

Die Botschaften der Märchen

Wir Erwachsenen haben durch Erfahrung gelernt, dass es kein reines „Gut“ oder „Böse“, kein hundertprozentiges „Richtig“ oder „Falsch“ auf der Welt gibt. Wir wissen, dass die Psyche jedes Menschen vielschichtig und voller Widersprüche ist und dass das Leben Zwischentöne bereithält.

Ein Kind hat diese Erfahrungen noch nicht gemacht. Es ist noch in der Phase der Orientierung und der Suche, es braucht eindeutige Botschaften, die es seinen bisherigen Erfahrungen zuordnen kann. Es muss verallgemeinern können, um die Welt zu verstehen. Darum sind die Werte „Gut" und „Böse" für ein Kind eindeutige Werte. Was gut und richtig ist, hat es aus den Reaktionen der Erwachsenen auf sein Verhalten gelernt. Ebenso, was „böse" ist. In dieses Schema ordnet es jede neue Erfahrung ein.

Der bekannte Kinderpsychologe Bruno Bettelheim meint, dass die Märchen dieser Suche nach Eindeutigkeit im kindlichen Denken und Fühlen entgegenkommen. Bettelheim sieht die Polarisierung zwischen gut und böse (und im übertragenen Sinn zwischen schön und hässlich, fleißig und faul usw.) als Hilfe für das Kind, seine Erfahrungen einzuordnen und seine Persönlichkeit zu entwickeln. Er schreibt: „Gerade weil ihm sein Leben oft verwirrend erscheint, muß man dem Kind Möglichkeiten geben, sich selbst in dieser komplizierten Welt zu verstehen und dem Chaos seiner Gefühle einen Sinn abzugewinnen. Es braucht Anregungen, wie es in seinem Inneren und danach auch in seinem Leben Ordnung schaffen kann. Es braucht - und dies zu betonen ist in unserer Zeit kaum notwendig - eine moralische Erziehung, die ihm unterschwellig die Vorteile eines moralischen Verhaltens nahebringt, nicht aufgrund abstrakter ethischer Vorstellungen, sondern dadurch, daß ihm das Richtige greifbar vor Augen tritt und deshalb sinnvoll erscheint. Diesen Sinn findet das Kind im Märchen." (Bruno Bettelheim, Kinder brauchen Märchen, München 1988, S. 11)

In der Tat begegnet das Kind im Märchen nahezu allen Verhaltensweisen und Charaktermerkmalen, die die menschliche Natur prägen: Faulheit und Fleiß, Neid und Großzügigkeit, Dummheit und Klugheit, Stärke und Schwäche, Habsucht und Bescheidenheit, Hinterhältigkeit und Treue, List und Naivität, Bosheit und Unschuld. Doch immer ist das Schicksal auf der Seite des „Guten“, es sorgt für einen gerechten Ausgang, schont dabei in ganz demokratischer Form auch Könige nicht. Dem Kind fällt es dabei leicht zu entscheiden, mit welcher Person es sich identifizieren kann, denn das Böse erntet die Strafe, das Gute erringt das Glück. Ein Kind, das vielleicht schon die Ambivalenz menschlicher Verhaltensweisen erleben musste - die unumstritten „lieben“ Eltern tun plötzlich Böses, indem sie sich streiten oder sogar trennen, die freundlichen Ärzte tun Böses, indem sie dem Kind Schmerzen zufügen -, bekommt so die innere Sicherheit, dass das „Böse“ nicht von Dauer ist und von glücklicheren Umständen abgelöst wird. Hab Hoffnung und Vertrauen, sagt jedes Märchen. Und das Kind erfährt daraus das Gefühl einer großen Sicherheit.

Dabei ist die Qualität des „Guten“ oder „Bösen“ nicht an eine bestimmte Person geknüpft: Gute und böse Feen, gute und böse Könige, gute und schlechte Eltern bevölkern die Märchen. Erst im Kontext, durch die Handlungsweise der Personen, wird das Gut oder Böse definiert. Erst im Rahmen der Handlung erkennt das zuhörende oder lesende Kind die positiven oder negativen Charaktereigenschaften der Personen und ordnet sie in sein Erfahrungsschema ein.

Mit dem Herzen verstehen

„Es war einmal ...“ Dieser Eintritt in die Zauberwelt des Märchens entzieht das Erzählte dem Alltag, bringt es in die Dimension des Vergangenen, aber nicht Fantastischen. „Es war einmal“ bedeutet: So ist es gewesen, aber es ist vorbei. Dem lesenden oder zuhörenden Kind wird so von vornherein Distanz vermittelt, es erlebt den Inhalt aus einer zeitlich entfernten Perspektive. Nur mit einem glücklichen Ende rückt das Märchen nah an das zuhörende Kind heran: „Und wenn sie nicht gestorben sind, dann leben sie noch heute." Von einer sicheren, beruhigenden Position aus kann das Kind sich also in die Abenteuer, Wirrnisse und Grausamkeiten, in die Aufgaben und Anfeindungen des Helden und glücklichen Wendungen einlassen. Die Sprache des Märchens sorgt ebenso für Abstand: Ungewohnte, nicht mehr gebräuchliche Ausdrücke heben die Märchen auch sprachlich auf die Ebene des Wunderbaren und Nicht-Alltäglichen. Doch bei aller Distanz scheinen die Botschaften der Märchen einen direkten Weg in die Psyche der Kinder zu finden. Intuitiv deuten Kinder die Symbolik, entschlüsseln die bildhafte Sprache. Ahnend versteht ein Kind die Metapher des Zauberbaums auf dem Grab der Mutter, der dem armen Aschenputtel die schönsten Kleider und damit den Eintritt in ein glückliches Leben schenkt. Die Fürsorge und Liebe der Eltern endet nicht mit deren Tod – das Kind spürt die Zuversicht, die aus diesem Bild spricht. In den Abenteuern des kleinen Däumling bekommt das Kind die Bestätigung, dass auch winzige Menschen – eben Menschen, die anders sind als die anderen – erfolgreich ihren Weg gehen können. In den „Drei Federn" begegnet es dem Dummen, der verlacht wird und trotzdem sein Glück macht, ebenso im Märchen „Der Müllerbursche und das Kätzchen". Im „Froschkönig" findet ausgerechnet die jüngste Königstochter ihr Glück. Und in „Frau Holle" oder „Aschenputtel" sind es gedemütigte, verstoßene Kinder, die schließlich durch tatkräftiges Handeln Liebe und Anerkennung finden. Die Märchen vermitteln somit ein Gefühl der Sicherheit: Wer du auch bist, ob körperlich anders als die Norm, noch sehr jung, ungeliebt oder dumm – du wirst deinen Weg gehen und dabei glücklich werden.

Märchen bieten keinen Schonraum, sie benennen Konflikte und Schwierigkeiten. Doch der Ausgang ist immer positiv: durch Mut und Selbstbewusstsein, Verständnis und Rücksicht erarbeitet sich der Held oder die Heldin den Erfolg. Märchen sagen: Du kommst vielleicht erst durch Umwege zum Ziel, musst aktiv in dein Schicksal eingreifen, dabei Opfer bringen und geduldig warten können. Sie sagen auch: Vertrau dem Leben und deiner eigenen Kraft. Bleib dir selbst treu. Märchen sind Metaphern für die Persönlichkeitsentwicklung, die Selbstfindung des Menschen. Das können Kinder intuitiv verstehen.

Märchen und Wirklichkeit

„Und wo bleibt die Realität?", fragen aufgeklärte Eltern. Das Leben ist doch kein Zuckerschlecken. Die Realität lehrt uns doch, dass nicht immer die Guten belohnt und die Bösen bestraft werden. Es gibt viele Ungerechtigkeiten auf der Welt, und wir sehen doch jeden Tag, dass die Skrupellosen weiterkommen als die Bescheidenen und Freundlichen.

Haben die Märchen und ihre Botschaften nicht längst ausgedient, sind sie nicht überholt worden von anderen Werten wie Egoismus, finanziellem Geschick und „gesundem" Misstrauen? Wie steht heute jemand da, der sich gegen dem Mainstream stemmt und ethische Maßstäbe wie die, die in den Märchen vermittelt werden, gegen die Normen stellt? Müssen wir unsere Kinder nicht von vornherein auf die brutale Realität einstimmen? Müssen wir nicht dafür sorgen, dass sie gewappnet sind für eine Welt, die ihnen nichts schenkt und ihnen ein großes Maß an Eigennutz abverlangt?

Bedauernswert wäre das Kind, dem von Anfang an die harte Realität um die Ohren geschlagen würde. Es würde verrückt werden angesichts von Werten, die einer abnormen Gesellschaft, aber nicht seiner inneren Struktur entsprechen. Ein Kind ist naturgemäß ein soziales Wesen. Es möchte kommunikativ sein, freundlich seinen Mitmenschen gegenübertreten, geliebt werden. Es möchte, dass die Sonne scheint und alle Menschen fröhlich sind. Es möchte, dass die Bäume wachsen und die Blumen blühen und die Eltern nicht schimpfen. Kinder brauchen Harmonie und eine positive Weltsicht, um sich gesund entwickeln zu können. Eine alte Frau erzählt: „Im zweiten Weltkrieg lief ich während eines Bombenalarms mit meinem Sohn zum Bunker. Plötzlich flog ein entwurzelter Baum vor uns durch die Luft. ‚Das ist lustig', sagte mein Sohn, ‚sieh mal, ein Baum, der fliegen kann!' Er hatte keinen Blick für das Grauen, das Leid und die Katastrophe. Er sah nur das, was ihn fröhlich werden ließ." Die Mutter reagierte so, wie das Kind das in diesem Moment brauchte: „Ja, das ist lustig", sagte sie. Hätte sie dem Kind zugeschrien, es solle jetzt nicht fliegende Bäume ansehen, sondern sein Leben retten, hätte sie ihre eigene Panik an das Kind weitergegeben, wäre dem Kind dieser Bombenalarm als furchtbares, vielleicht traumatisierendes Erlebnis im Gedächtnis haften geblieben. So aber hat der Sohn das gespeichert, was seine Seele aushalten konnte: Noch heute erinnert er sich an den fliegenden Baum.

Es scheint, als trügen Kinder einen Schutzschild um sich herum, der sie vor Verwundungen in ihrer Seele schützt. Natürlich kann ein Erwachsener diesen Schutzschild knacken, indem er dem Kind immer wieder die harte Realität in drastischer Form vor Augen führt. Es wäre aber ein Trugschluss anzunehmen, das Kind könnte auf diese Weise zu einem kritischen, seelisch gesunden Menschen heranwachsen. Seine Seele braucht noch einen Schonraum, um sich stabil entwickeln zu können. Und es braucht Wertmaßstäbe, an denen es sich orientieren kann.

„Märchen sind voller Grausamkeiten, Gemeinheiten und blutrünstiger Szenen. Sie bieten dem Kind alles andere als eine heile Welt“, meinen besorgte Eltern und verstecken die Grimmschen Hausmärchen vor dem Zugriff ihrer Kinder. Doch die Grausamkeiten, die den Kindern im Märchen begegnen, sind kein Abbild der Grausamkeiten im Großen und im Kleinen, die unsere reale Welt zu bieten hat. Sie sind vielmehr Metaphern für die innere Reifung eines Menschen. Die Drachen, Hexen, bösen Stiefmütter und sonstigen Schurken kann ein Kind als das „Böse“ in sich interpretieren, und die Handlungsweise der „Guten“ hilft ihm, Entscheidungen zu treffen. Wichtig ist, dass Sie Ihr Kind, wenn es noch klein ist, mit den Märchen nicht allein lassen. Als Hörspiel oder Videofilm verfehlen sie ihren Zweck. Wie geschaffen sind sie dagegen zum Vorlesen: Eine entspannte Atmosphäre und der Klang der vertrauten Stimme schenken dem Kind Sicherheit und seiner Fantasie Flügel.

Märchen sind nicht dazu da, um sie so nebenbei in einer freien Minute zu konsumieren. Sie brauchen eine angemessene Umgebung und eine entspannte Stimmung, um ihren Zauber entfalten zu können. Das kann abends sein, als festes Ritual vor dem Schlafen; manche Kinder werden allerdings von dem Gehörten aufgewühlt und können schlecht einschlafen. In diesem Fall verlegen Sie, wenn es sich anbietet, die Vorlese-Zeit besser auf den Nachmittag oder auf spontane Gelegenheiten. Ob Sie das Märchen-Stündchen als festes Ritual in den Tagesablauf einbauen oder nur ab und zu, sozusagen als Vorlese-Bonbon, das Märchenbuch hervorholen, bleibt Ihnen überlassen. Für das Vorlese-Ritual zur immer gleichen Zeit und in gewohnter Umgebung spricht allerdings, dass einige Kinder die festen Zeiten als angenehm und hilfreich empfinden: Die erfüllte Erwartung und der gewohnte Ablauf schenken ihnen Ruhe, auch wenn sie gerade noch durchs Haus getobt sind oder gereizt und weinerlich waren.

Ein Kind, das sich begeistert Märchen anhört oder sie später schon selbst liest, ist reif für deren Inhalte. Bekommt Ihr Kind aber ganz offensichtlich Angst beim Vorlesen, sollten Sie das Buch zuklappen. Ängste dürfen Sie bei Ihren Kindern nicht schüren. Ihr Kind zeigt Ihnen recht deutlich, was es vertragen kann und wovon es sich überfordert fühlt. Es weiß, was seine Seele gerade braucht. „Bitte, Mama, noch mal die ‚Sterntaler'!" Ein Kind, das immer wieder dasselbe Märchen hören möchte, zeigt damit: Die Worte tun mir gut. Die Geschichte kann ich verkraften. Sie gibt mir Sicherheit und drückt das aus, womit sich meine Psyche gerade beschäftigt. Und wenn gerade das blutrünstige, grausame Märchen zum Lieblingsrepertoire gehört? Dann braucht Ihr Kind gerade das für seine Entwicklung – die Riesen und bösen Könige und Drachen. Denn im Märchen, in seiner Fantasie, kann es ihnen furchtlos entgegentreten.

Die Macht der Medien

„Die Menschen verlernen, sich mit sich selbst zu beschäftigen“ (Horst Opaschowski, Medien- und Freizeitforscher

Fernsehen: Der schöne Schein der Werbung

„Schon Fünfjährige vom Schlankheitswahn befallen“ titelte im Januar 2001 die Zeitschrift „Bild der Wissenschaft“ und berichtete von den Ergebnissen US-amerikanischer Studien: „Schon Mädchen im Alter von fünf Jahren fühlen sich zu dick, Kinder und Teenager beobachten mit Sorge ihr Gewicht und unterziehen sich Diätkuren. Das sind vor allem die Auswirkungen einer schlankheitsbesessenen Medienwelt, die rund um die Uhr Idealbilder von überschlanken Mädchen und kraftstrotzenden Jungen verkauft. In der gleichen Zeit werden Nahrungsmittel und Essgewohnheiten propagiert, mit denen Jugendliche diese ‚Traummaße‘ kaum erreichen.“ Denn, so fand eine dieser Studien heraus: Ein Drittel aller amerikanischen Kinder essen, während sie fernsehen, und zwar vorzugsweise salzige Dickmacher, dazu gibt es süßen Sprudel.

Nur geographisch sind uns die USA fern. Im realen Alltag ähnelt und überschneidet sich vieles. Auch hierzulande registrieren Kinderärzte immer mehr bewegungsarme Kinder, deren Speckröllchen wachsen und ihre Gesundheit ernsthaft gefährden. Doch Warnungen der Mediziner erscheinen kraft- und wirkungslos angesichts einer Mediengewalt, die den Kindern den Genuss von Salzigem, Zuckrigem, Klebrigem als das pure Lebensglück verkauft. Da sitzen sie also, die kleinen Dickerchen, stopfen die Kalorien in sich hinein und erfahren gleichzeitig, im selben Medium, dass sie hässlich sind. Denn die Helden und Heldinnen ihrer Bildschirm-Träume tragen keine Fettwülste mit sich herum, sondern sind durchtrainiert, gestählt und immer gut gelaunt. Wie kann ein Kind das zusammenbringen?

Grenzen- und gnadenlos sind Kinder den Versprechungen der Werbewirtschaft ausgeliefert. Denn die Botschaften kommen genau so daher, dass sie die Kinderseele ansprechen: Lachende Menschen in einer heilen, geborgenen Umgebung konsumieren Produkte, die in jedem Supermarkt zu haben sind. Wünscht sich da nicht ein Kind, dessen Umfeld vielleicht nicht ganz so fröhlich und heil ist, wenigstens ein Stück von diesem Glück? Und sei es in Form von Keksen, Schokoriegeln, süßer Limo oder Spielsachen, die die Fantasie ersticken anstatt sie zu in Gang zu setzen. Die Werbewelt ist bunt und verführerisch. Sie nimmt keine Rücksicht auf die Auswirkung ihrer Botschaften. Sie will Produkte vermarkten, denn das ist ihre Aufgabe. Kann man ihr daraus einen Vorwurf machen? Und kann man Kindern einen Vorwurf machen, wenn sie darauf hereinfallen?

„Mein Kind sieht keine Werbung!" So einfach wie noch vor ein paar Jahren ist es heute nicht mehr, Kinder vor den fröhlichen Verführern zu schützen. Denn längst bilden Programminhalte und Werbung einen kommerziell erfolgreichen Verbund. So sponsert etwa ein Jogurt-Hersteller eine Kinder-Quizsendung und ist sich dort der Beachtung seiner Produkte sicher. Und der Produktname eines Klebstoffes ist eng mit einer Zeichentrickserie verknüpft. So verwundert es nicht, dass sich Kinder heute auf dem Markt gut auskennen. Seien es Sportschuhe, Jeans, Bekleidung, Rucksäcke – die Kinder wissen genau, welche Marke es sein soll, und die Hälfte aller Eltern erfüllen diese Wünsche (KidsVerbraucherAnalyse 2002). Angeführt wird die Wunschliste vom eigenen Handy, dem eigenen Fernseher und dem PC im Kinderzimmer. Und auch bei den Dingen des Alltags reden die Kinder heute mehr als ein Wörtchen mit: Welche Nusscreme, Limonade oder Nudelsorte auf den Tisch kommt, bestimmen zu einem großen Teil die Kinder. Und wenn sie älter werden, kaufen sie sich die begehrten Güter allein: Drei Viertel aller Zehn- bis Dreizehnjährigen entscheiden frei darüber, welche Süßigkeiten, Spielwaren, Comics und Handys sie sich anschaffen.

Das Markenbewusstsein, der Besitz der „richtigen" Konsumgüter, ist Signal für die Zugehörigkeit zur jeweiligen Altersgruppe. Die Wirtschaftswissenschaftlerin Dr. Claudia Mennicken formuliert es so: „Marken schaffen hier verbindliche Ordnungen, die auch in der Lage sind, den eigenen Entwicklungsstand – für sich selbst und für andere – zu dokumentieren. Nachdem man den dreirädrigen Cityroller gefahren hat, bevorzugt man als älteres Kind den zweirädrigen K2-Roller. Und der Schultornister "Scout" unterscheidet das Schul- vom Kindergartenkind wahrnehmbarer als die unterschiedlichen Lernanforderungen." (Vortrag auf der Tagung „PR – Die neue Rolle des Journalismus" am 26. 09.2002 in Frankfurt/Main)

Die Auswirkungen der Fernsehwerbung sind allgegenwärtig. Selbst Kinder, deren Eltern den Fernsehkonsum drastisch reglementieren und nur werbefreie Sendungen zulassen, kommen durch Freunde und Schulkameraden mit den Botschaften in Kontakt. „Geiz ist geil!", schreit etwa Hannes bei jeder passenden und unpassenden Gelegenheit. Bei seinen Mitschülern in der zweiten Grundschulklasse ist der Schlachtruf Kult und tönt in jeder Pause über den Schulhof. Und Sabrina schiebt bei Gesprächen gern den Slogan eines Technikmarktes ein: „Ich bin doch nicht blöd!" Solche Slogans werden zu geflügelten Worten, auch wenn sie nur Erfahrung aus zweiter Hand abbilden. Sie zeigen: Ich gehöre dazu. Zu einem Stück Alltagskultur haben sich die Werbespots entwickelt, genau wie die Merchandising-Produkte, die passend zu den aktuellen Sendungen auf den Markt kommen. Bibi Blocksberg, Pumuckl und Benjamin Blümchen, die Maus, die Sesamstraßen-Garde und allen voran die Disney-Figuren: Sie alle sind längst nicht mehr nur Fernseh-Helden, sondern wohnen in nahezu jedem Kinderzimmer, als Bettwäsche, Kissen, Poster, Spielzeug. Ihre Gesichter lachen uns aus den Tiefkühltruhen der Supermärkte entgegen, zieren Sandeimerchen, Zahnbürsten und T-Shirts. Sie packen die Kinder, wo sie sie nur kriegen können.

Fernsehen und Kommerz sind eng miteinander verwoben, und nirgendwo wird das deutlicher als bei den Produkt-Attacken auf die Kinder. Ist doch das Fernsehen nach wie vor der liebste Freizeitinhalt. Für 76 Prozent der Kinder zwischen 6 und 13 Jahren ist es an einem ganz normalen Schultag die häufigste Beschäftigung, gefolgt von Malen/Basteln und Musik hören (Kinderwelten 2002, Studie, durchgeführt vom Transferzentrum Publizistik und Kommunikation, München, im Auftrag von RTL).

Fernsehnutzung bei Kindern zwischen 3 und 13 Jahren im Jahr 2001

Sehdauer	in Min./ Tag
3–5 Jahre	76
6–9 Jahre	93
10–13 Jahre	113
Ab 14 Jahre	205

Quelle: AGF/ GfK Fernsehforschung

Immer mehr verlagern sich die Zeiten, zu denen Kinder vor dem Fernseher sitzen, in den Abend hinein.* Das heißt: Sie konsumieren Werbung für Erwachsenenprodukte. Und damit auch Botschaften, die erwachsene Zuschauer vielleicht relativieren und als „typische Werbung" einschätzen können, die die Kinder aber unmittelbar erreichen. Denn Kindern fehlt noch die Erfahrung, die Spreu vom Weizen zu trennen; sie sind offen für alle Erfahrungen und Informationen.

Vorbilder

- Richter und Anwälte sind schockiert: In den Gerichten lassen die Kläger, Angeklagten und Zeugen es neuerdings an Respekt vor der Institution fehlen und gehen während der Verhandlung aufeinander los, attackieren sich wortgewaltig und publikumswirksam. Der Grund: Bei den beliebten Gerichtsshows im Fernsehen wird gepöbelt und geprügelt, und dieses Verhalten hat offenbar Beispielfunktion für die Realität (Der Spiegel, Ausgabe 42/2002, Interview mit dem Vorsitzenden des deutschen Richterbunds, Geert Mackenroth).

- „Ich liebe dich", ruft die Mutter ihrem Kind an der Tür zu, nachdem sie es im Kindergarten abgeliefert hat. Und das Kind schickt ein fröhliches „Ich liebe dich, Mama" zurück. Ich liebe dich? War das nicht mal ein Ausdruck, der erwachsenen Liebenden vorbehalten war in intimen Stunden der Zweisamkeit? In synchronisierten amerikanischen Fernsehserien, in denen die Mundbewegung zur

---

* Der „Kinderkanal" reagierte prompt auf diese Erkenntnis und verlängerte sein Programm um zwei Stunden im Jahr 2003; ab dem Jahr 2005 will er gar bis 22 Uhr senden. (dpa, 10.12.02)

Sprache passen muss, sagen die deutschen Synchronstimmen von Eltern und Kindern zueinander „Ich liebe dich" – und nun sagen es eben auch die zuschauenden Eltern und Kinder hierzulande.

- André hat ein Problem. Er ist schlecht in der Schule, genau wie der Junge in der Kaffee-Werbung. Aber anders als dessen Vater, der seinem Sohn selbst nach einer Fünf in Mathe zärtlich über den Kopf streichelt und sich dann gut gelaunt seiner Kaffeetasse zuwendet, ist Andrés Vater schlecht gelaunt, wenn er abends heimkommt, und nach jeder verhauenen Arbeit schimpft er seinen Sohn aus. André würde viel lieber so einen Vater wie den im Fernsehen haben.

- „Da gehe ich nie wieder hin", erzählt eine Frau, die an einer Talkshow teilnahm. „Ich konnte dort gar nicht reden, wie ich wollte, die haben mir vorher ganz genau gesagt, wie ich mich den anderen gegenüber verhalten soll. Ich habe immer gedacht, da ist alles echt!" Erst ein Blick hinter die Kulisse ließ die Seifenblasen platzen – aber wohl auch nur in Bezug auf diese Sendung, und wer weiß, für wie lange.

Fernsehen und Realität – dass beides zwei ganz unterschiedliche Ebenen sind, ist offensichtlich selbst Erwachsenen nicht immer klar. Je realistischer die Fernsehbeiträge beschaffen sind, desto schwieriger ist die Abgrenzung zum realen Alltag.

Menschen brauchen die Illusion, den Traum vom Schöneren, Interessanteren, Besseren. Auch Kinder brauchen ihn. Die Mädchen-Generation früherer Tage wuchs mit „Hanni und Nanni"-Büchern auf und dem schönen Traum vom lustigen Leben im Internat, die Jungen ließen ihre Fantasie mit Superman fliegen. Die Großeltern flüchteten in die Welt von Nesthäkchen und Winnetou und liebten idyllische Heimatfilme. Träume sind weder verwerflich noch dumm, sie schenken Flucht-Momente im Alltag und machen ihn erträglich. Wichtig ist aber, dass der Alltag lebenswert genug ist, um neben den Träumen Bestand zu haben. Träume sollten den Alltag bereichern, aber nicht ersetzen.

Und die Vorbilder? Was tun, wenn sich der kleine Fabian einen der „Ghostbusters" als Idol ausgesucht hat und die siebenjährige Jenny so sein möchte wie die Zeichentrick-Heidi? Sind das Vorbilder, die unseren Kindern förderlich sind?

Durch die Wahl eines bestimmten Idols gewährt ein Kind Einblick in seine Seelenlage und seinen psychischen Entwicklungsstand. Aufmerksame Eltern finden dadurch Hinweise auf Vorlieben, Wünsche und vielleicht auch Ängste ihres Kindes. Fabian etwa, der „Ghostbusters"-Fan, tut so unerschrocken und mutig, wirkt so fröhlich und draufgängerisch. Doch in seinem Kinderzimmer-Schrank wohnen wilde Löwen und Gespenster, und jeden Abend hat er Angst, das Licht auszumachen. Davon ahnen die Eltern nichts, denn Fabian hält tapfer durch und würde sich lieber die Zunge abbeißen als zugeben, dass er sich fürchtet. Darum ist er in seinen Träumen der mächtige Geister-Bezwinger, dem niemand etwas anhaben kann. Jenny, die sich ins Heidi-Land träumt, kommt mit der Trennung ihrer Eltern nicht klar. Auf Heidis Alm gibt es keine Eltern und somit keine Probleme. Im Heidi-Land ist alles fröhlich und bunt und überschaubar. Im Heidi-Land gibt es keine verwirrenden Konflikte wie in Jennys Leben.

Idole zu haben ist weder verwerflich noch schädlich. Generationen von Mädchen identifizierten sich mit Pippi Langstrumpf, der Seemannstochter mit den roten Zöpfen. Unermesslich stark ist sie und reich wie ein Zauberer. Ihr Leben lebt sie wie sie mag, autonom und frei. Konservativen Erziehenden mag ein solches Vorbild suspekt vorkommen, denn die aufmüpfige Pippi verkörpert das exakte Gegenteil der traditionellen Mädchenrolle. Und doch ist sie das ideale Vorbild: Ihre Stärke setzt sie mitleidig und herzensgut ein – sie ist eine facettenreiche Persönlichkeit, mit der Kinder sich liebend gern identifizieren.

Anders als die Idole, die das Fernsehen präsentiert, lernt das Kind seine Freunde aus den Büchern aber mit der Seele kennen. Es taucht ein in deren Charakter, identifiziert sich mit einer Persönlichkeit, deren Beschreibung der Leser-Fantasie genug Raum lässt. Fernsehhelden dagegen präsentieren ein äußeres Erscheinungsbild, eine Rolle. Kinder können diese Rolle nachahmen – mehr nicht.

Macht Gewalt gewalttätig?

Seit vielen Jahren schon streiten Fachleute darüber, wie sich die im Fernsehen gezeigte Gewalt bei Kindern auswirkt. Die einen meinen, gewalttätige Szenen würden die Kinder motivieren und dazu anstacheln, selbst Gewalt auszuüben. Die anderen vertreten die so genannte „Katharsis-Theorie“: Das zuschauende Kind erlebe durch die gezeigten Bilder so etwas wie eine „Reinigung“ der Gefühle, könne seine Aggressionen sozusagen vor dem Fernseher ausleben und müsse sie dadurch nicht in der Realität verwirklichen. Die dritten wiederum sind der Auffassung, dass das familiäre Umfeld entscheidend dafür sei, ob Kindern die Fernseh-Gewalt etwas anhaben kann. Kinder, die in einem gleichgültigen Elternhaus aufwachsen, seien gefährdet, ein behütendes und freundliches Elternhaus dagegen würde eine gewisse Immunität bieten.

Die Horror-Nachrichten von wild um sich schießenden Schülern und generell ansteigender Brutalität legt den Schluss nahe, dass Kinder tatsächlich die Gewalt um sich herum mit Gewalt beantworten. Aber das allein dem Fernsehen zuzuschreiben wäre zu einfach. Denn das Fernsehen ist nur Teil – vielleicht Ausdruck – einer kinderfeindlichen Lebenssituation. Für viele Kinder sieht das Leben, in das sie hineinwachsen und das sie prägt, so aus:

- Die Straßen gehören den Autos: Die Kinder können nicht allein nach draußen, um zu spielen, sondern brauchen Begleitung.
- Möglichkeiten, sich zu bewegen und körperlich auszutoben, gibt es nur auf Spielplätzen oder in Turngruppen.
- Der Alltag richtet sich nicht nach spontanen Bedürfnissen, sondern wird verplant.
- Fernsehen und Zeitschriften vermitteln ein Bild von Liebe und Sexualität, das individuelle Empfindungen überlagert.
- Die Umwelt ist krankmachend giftig.
- Die Konsumwelt lockt und schmeichelt und macht dabei die Kinder irre.
- Persönliche Katastrophen wie die Scheidung der Eltern erschüttern das Urvertrauen.
- Verwandtschaftliche Beziehungen außer denen zu Eltern und Geschwistern gibt es kaum noch.
- Und: Fernseher, Computer- und Videospiele können Kinder einsam machen und ihren Sinn für die Realität verbiegen.

Es hätte keinen Sinn, versuchen zu wollen, von Kindern alles Negative fernzuhalten. Auch die Kindheit früherer Generationen war nicht sorgenfrei, im Gegenteil. Sie erlebten oft bittere Armut, die hautnahe Präsenz von Tod und Sterben in den Familien, Härte und Strenge als Erziehungskonzept in den Schulen. Kindheit war und ist kein Schonraum. An schwierigen Lebenssituationen kann ein Kind wachsen und seine Persönlichkeit reif werden lassen. Doch dazu braucht es seine Eltern fest an seiner Seite; es braucht eine innere Heimat. Es braucht ein moralisches Rüstzeug, um die vielen Eindrücke und Einflüsse - in der Realität und in den Medien - sortieren zu können und nicht darin unterzugehen.

Darauf zu hoffen, dass das Kind irgendwann von ganz allein in der Lage sein werde, den Fernseher richtig zu nutzen, kann nicht der richtige Weg sein. Um fernsehen zu lernen, braucht das Kind die Unterstützung seiner Eltern. Es muss mit ihrer Hilfe erkennen, dass der Fernseher ein Instrument ist, das es für bestimmte Zwecke - Information, Entspannung, Unterhaltung - nutzen kann. Es muss auch die Erfahrung machen, dass der Fernseher Zeit stiehlt für Dinge, die viel wichtiger und angenehmer sind. Es muss merken, dass jede Erfahrung und jedes Erlebnis aus erster Hand ihm mehr gibt als eine Fernsehsendung. Und dass der Fernsehapparat die Familie nicht beherrscht, sondern eine eher untergeordnete Rolle im Familienleben einnimmt.

Erleben statt fernsehen

Um sich gesund entwickeln zu können, muss sich ein Kind die Welt mit seinen Händen und Füßen, mit seinen Augen und dem Geschmackssinn, mit seinem ganzen Körper aneignen. Es muss erfahren, wie es sich anfühlt, gegen den Wind anzulaufen oder von einer Mauer zu springen. Es muss Papier zerreißen und Bauklötze aufeinander türmen, seine Hände in Matsch und Sand vergraben, es muss sich streiten und wieder vertragen, gestreichelt werden und andere streicheln. Es braucht andere Kinder um sich herum und Eltern, von denen es geliebt und geachtet wird. Es braucht Tiere, für die es sorgen kann. Ein Kind will tätig sein und Reaktionen auf seine Handlungen spüren.

Vom Fernseher kann es all das nicht erwarten. Hier sieht es die Welt an sich vorüberziehen, unfähig, selbst in das Geschehen einzugreifen, stumm und passiv. So wie ein Kind nicht aus Bilderbüchern die Welt erfahren kann, so kann es auch vom Fernsehen nicht lernen, wie es ist, einen Freund zu trösten, wenn der sich wehgetan hat, oder wie sich ein Regenwurm anfühlt, wenn er aus der Erde gebuddelt wurde und sich auf der Handfläche kringelt. Selbst pädagogisch durchdachte Sendungen wie die „Sendung mit der Maus“ oder „Löwenzahn“ können nur Wissen vermitteln – aber keine Erfahrungen. Und nachhaltiges Wissen kann nur auf Erlebtem aufbauen.

Die Konsequenz: Verschaffen Sie Ihrem Kind die Möglichkeit, viele unterschiedliche Erfahrungen zu machen. Sorgen Sie dafür, dass es seine körperlichen Fähigkeiten ausprobiert und einzuschätzen lernt: in der freien Natur, in Sportvereinen, beim Spielen mit den Freunden. Körperliches Geschick und Intelligenz hängen eng zusammen. Seine Intelligenz kann ein Kind nur ausbilden, wenn es eigene Erfahrungen Stück für Stück aufeinander aufbaut. Bei vielen Kindern werden heute Probleme mit der Raumwahrnehmung beobachtet: Sie haben ein gestörtes Körpergefühl und demzufolge Schwierigkeiten beim Malen und Schreiben. Mühsam erlernen sie bei Ergotherapeuten, sich selbst und die Gegenstände um sich herum richtig wahrzunehmen. Schwierigkeiten bei der Raumwahrnehmung können durch mangelnde Körpererfahrung verursacht sein – und diese wiederum durch das Hocken vor dem Fernseher. Nicht fernsehen macht klug, sondern das Nicht-Fernsehen.

Fernsehen als Ausnahme

Es ist einfach, schlechte Gewohnheiten zu vermeiden: Man darf sie erst gar nicht zur Gewohnheit werden lassen. Ein Kind, das von Anfang an lernt, dass der Fernseher prima geeignet ist, die Langeweile zu vertreiben, wird sich daran gewöhnen und gar nicht nach Alternativen suchen. Eltern können dabei nicht auf den natürlichen Instinkt und Selbstschutz ihrer Kinder hoffen: zu ausgetüftelt sind die Inhalte der Sendungen, als dass das Kind erkennen könnte, dass seine Freizeitbeschäftigung vertane Zeit ist. Bewegte bunte Bilder faszinieren – und dieser Faszination kann sich kein Kind widersetzen. Sie machen neugierig auf mehr und immer mehr. Das Kind wird vielleicht aufstehen und herumlaufen, wenn ihm das Fernsehen zu viel geworden ist – aber es wird zurückkommen und wieder in die Flut der bunten Bilder eintauchen, wenn es keine attraktivere Alternative in Aussicht hat.

„Mama, mir ist so langweilig!" Das darf nicht automatisch der Grund sein, den Fernseher einzuschalten. Denn Langeweile muss auch mal sein. Sie lässt Kinder kreativ werden.

Fernsehen in der Familie

In einem typischen Wohnzimmer sind die Sessel auf den Fernseher ausgerichtet. Die Einrichtung des Zimmers verrät die Dominanz und Herrschaft, die der Apparat auf die Familie ausübt. Eine Pädagogin erkannte eines Tages die

Unterordnung ihrer Familie unter den Fernsehapparat und räumte die Möbel um: Alle Sessel standen nun mit dem Rücken zum Bildschirm. Und siehe da: Der Fernseher war plötzlich nicht mehr die „Hauptperson" im Raum, man begann sich zu unterhalten und den Tisch, auf dem zuvor das Knabberzeug für den Fernsehabend gestanden hatte, als Spielfläche zu nutzen. Durch den Erfolg beflügelt, wurde die Frau mutig und brachte eines Tages den Apparat in den Keller. Für einige Tage gab es lange Gesichter, dann war er nahezu vergessen.

Nicht jeder mag eine solch radikale Lösung in seiner Familie durchsetzen. Doch es gibt zahlreiche Abstufungen, um dem Kind zu zeigen: Der Fernseher ist bei uns nicht die Hauptsache.

- Bieten Sie attraktive Alternativen an: einen Spaziergang zum Spielplatz, das Treffen mit Freunden, eine gemütliche Spiel-Stunde. Alles, was das Kind aktiv am Leben teilnehmen lässt, schenkt ihm viel mehr als das passive Konsumieren vor dem Fernseher. Kindern, die ihre Zeit aktiv zu füllen gelernt haben, ist das Fernsehen oft zu langweilig.
- Wählen Sie Sendungen, die Sie selbst sehen wollen, bewusst aus.
- Schalten Sie nach der Sendung, die Sie gesehen haben, den Apparat aus.
- Reden Sie über das Gesehene. Bewusstes Verarbeiten ist das Gegenteil von wahllosem Konsumieren.
- Zeigen Sie Ihrem Kind immer wieder, dass Sie das Fernsehen dem realen Erleben unterordnen.
- Lassen Sie Ihr Kind vor dem Fernseher nicht allein. Nehmen Sie teil an dem, was es sieht, und helfen Sie ihm anschließend, die Sendung zu verarbeiten.

- Vermeiden Sie es, Fernsehverbot als Strafe zu verhängen. Denn damit signalisieren Sie Ihrem Kind, dass Fernsehen etwas Schönes, Angenehmes, Erstrebenswertes ist, das „lieben" Kindern gewährt und „bösen" Kindern vorenthalten wird. Das Fernsehen wird dadurch glorifiziert.

Die Sendungen verarbeiten

Oft sind Eltern erstaunt darüber, wie heftig ihre Kinder auf eine Sendung, die sie selbst für ganz harmlos halten, reagieren. Die gesehenen Inhalte beschäftigen sie ganz offensichtlich manchmal tagelang. Einige Eltern berichten von Alpträumen und Ängsten, die bei ihrem Kind nach einer Fernsehsendung plötzlich auftauchen, andere erzählen davon, dass ihr Kind nach einer Fernsehsendung die Nähe seiner Eltern sucht, nicht allein sein kann.

Kinder verarbeiten Erlebnisse im Spiel, und auch bei Fernseherlebnissen müssen Sie dazu Gelegenheit haben. Wenn Sie also beobachten, dass Ihr Kind nach einer Fernsehsendung verstört oder ängstlich oder „aufgedreht" wirkt, geben Sie ihm die Möglichkeit, seine aufgewühlten Gefühle auszudrücken: Durch Rollenspiele - die vielleicht einen ganz anderen Ausgang nehmen als im eben gesehenen Film -, durch Malen, durch Darüber-Reden. Das Kind signalisiert Ihnen, auf welche Weise es etwas am besten bewältigen kann.

Idole und Feindbilder

Die Idole der Kinder wechseln bis ins Jugend- und Erwachsenenalter hinein. In ihnen findet das Kind das, was es gerade für seine Entwicklung braucht. In der Kindheit sind es die Figuren, die Kraft und Stärke vermitteln, in der

Jugend und im frühen Erwachsenenalter diejenigen, die die für diese Altersstufe typischen Probleme spiegeln, kommentieren und auflösen: Popstars, Schauspieler oder der Junge/das Mädchen aus der höheren Klasse.

Eltern können ihren Kindern nicht alles sein, und selbst wenn sie sich noch sehr wünschen, ihr Kind umfassend zu beeinflussen und zu steuern - es wird irgendwann selbstständig und neugierig andere Einflüsse aufsaugen und seine Persönlichkeit an vielerlei Mustern zu prägen versuchen.

Aufgeschnappte Vorurteile

Eine Meldung in den Radio-Nachrichten: „Viele bayerische Schüler sind offenbar empfänglich für rechtsextremes und minderheitenfeindliches Gedankengut. Bei einer Umfrage der Universität Eichstätt-Ingolstadt sagten gut 28 Prozent der Jugendlichen aus, Homosexuelle seien abstoßend und pervers. Mehr als ein Viertel der Befragten vertrat die Ansicht, Ausländer würden Deutschen Arbeitsplätze wegnehmen. Und elf Prozent meinten, Juden seien durch ihr Verhalten nicht ganz unschuldig an ihrer Verfolgung."
(Bayerischer Rundfunk, 4.12.2002)

Solche Nachrichten machen hellhörig. Denn sie zeigen, wie groß und wie unheilvoll der Einfluss sein kann, dem Kinder ausgesetzt sind. Es sind Erwachsenen-Vorurteile, die aus den Schülern sprechen, aufgeschnappt in bestimmten Medien, im Elternhaus oder beim dominanten Anführer der Klasse. So wie es Idole gibt, so gibt es auch Anti-Idole, Feindbilder, mit denen sich ein Kind abgrenzt und in seiner Clique bestätigt.

Eine Garantie dafür, dass das Kind sich so entwickelt, wie wir uns das wünschen, gibt es nicht. Das Behütet-Werden wird irgendwann von Selbstständigkeit abgelöst. Das muss so sein, und daraufhin erziehen wir unsere Kinder auch. Die besten Möglichkeiten, die Kinder vor falschen Idolen zu schützen, liegen darum in der Kindheit, und zwar schon früh. Sie bestehen darin, die Träume und Wunschbilder der Kinder nicht abzuwerten, sondern zu akzeptieren, dem Kind aber immer klar zu machen, dass ein Idol nur einen winzig kleinen Lebensbereich abdeckt. Ein Idol geht mit dem Kind nicht schwimmen und nicht Drachensteigen-Lassen, es spielt nicht mit ihm und trocknet nicht seine Tränen. Die reale Welt muss dem Kind so viel Positives bieten, dass es nicht völlig eintauchen muss in seine Fantasiewelt. Versponnen und verträumt darf ein Kind sein - aber die reale Welt muss so attraktiv sein, dass es sie aktiv und bejahend erleben kann. Und vor Feindbildern können wir unsere Kinder nur schützen, indem wir uns selbst offen und vorurteilsfrei in der Welt bewegen, Fremdes nicht abwerten, sondern interessiert darauf zugehen und unsere Kinder an diesem vorurteilsfreien Blick teilhaben lassen. So haben wir eine Chance, unsere Kinder ein Stück weit immun zu machen gegen zerstörerische äußere Einflüsse.

Einfluss durch die Freunde

Kinder können grausam sein

Weinend kommt Maxi nach Hause. „Du siehst ja blöd aus!“, haben ihm einige aus der Klasse zugerufen, als er mit seinem Ranzen die Klasse betrat. Der Ranzen ist ganz neu, nach langem Betteln hat ihm die Mutter diesen Ranzen gekauft, den er unbedingt haben musste, weil ihm die Micky-Maus-Motive so gut gefielen. Ganz stolz ist er heute Morgen losgegangen und kommt wie ein Häufchen Elend heim, wie so oft.

Denn er schafft es einfach nicht, von den Freunden anerkannt zu werden.

Kinder können grausam sein. Mobbing, Schikane – das sind nicht nur Begriffe aus der Berufswelt, sondern auch aus dem Schulalltag. In nahezu jeder Schulklasse gibt es eine Clique von Bestimmern, die den Ton angeben darüber, wer akzeptiert und wer geächtet wird, welche Klamotten cool und welche total out sind. Oft sind es schwache, labile Kinder, die sich in solchen Cliquen zusammenfinden und erst durch die Gruppe Stärke erleben.

Gern testet eine solche Clique die Widerstandskraft Einzelner aus. Und wenn der oder die Betreffende sich schwach zeigt, geht es erst richtig los.

Dieses Phänomen ist nicht neu. In der Literatur finden sich zahlreiche Beschreibungen gehänselter, erniedrigter Schüler. Neu sind auch nicht die Probleme, die Eltern in diesem Zusammenhang haben: Kann sich mein Kind ausreichend durchsetzen gegen die Schikane? Nimmt es sich das alles nicht allzu sehr zu Herzen? Möchte es vielleicht sogar dazugehören zu der Bande unsensibler Rabauken? Und: Sollen wir uns einmischen?

Mit Recht machen sich Eltern Sorgen, wenn sie merken, dass in der Klasse ein Klima herrscht, das ihrem Kind nicht guttut. Ein Rezept für Beliebtheit und Durchsetzungsvermögen gibt es nicht, denn jede Schulklasse ist eine Gruppe unterschiedlichster Individuen, und letztlich kommt es auch auf das jeweilige Geschick des Lehrers an, ob Außenseiter integriert, akzeptiert oder fertig gemacht werden. Die Eltern sollten sich auf keinen Fall scheuen, die Probleme ihres Kindes mit dem Lehrer oder der Lehrerin zu besprechen. Das

Kind selbst ist oft zu stolz dazu. Ein guter Pädagoge wird sich in einem solchen Fall bemühen, den Klassenzusammenhalt und das „Wir-Gefühl" zu stärken. Was Eltern vermeiden sollten, ist das Schlechtmachen der Klasse, des Lehrers oder einzelner Kinder vor dem eigenen Kind. Die Schulklasse ist die „Arbeitsstelle" des Kindes, und es muss sich mit ihr identifizieren können. Bis zu einem gewissen Grad muss es auch lernen, mit Problemen allein fertig zu werden. Darum: Bleiben Sie sachlich. Verurteilen Sie, wenn es sein muss, das Verhalten einzelner Kinder, aber nicht die Kinder selbst. Die Gesellschaft ist bunt, und die Erfahrung, dass auch weniger angenehme Menschen dazugehören, ist ein wichtiger sozialer Lernprozess. Wenn sich Eltern zu sehr in die Bereiche ihrer Kinder einmischen, verhindern sie, dass Eigenständigkeit wachsen kann. Sie sollten aber ihr Kind auch in diesem Punkt genau im Blick haben. Wirkt es verstört oder niedergeschlagen, wenn es aus der Schule kommt? Klagt es morgens häufig über Kopf- oder Bauchschmerzen? Wirkt es in sich gekehrt und weigert sich, von seinem Schulalltag zu erzählen? Das alles können - aber müssen nicht - Hinweise darauf sein, dass das Kind Schwierigkeiten in der Klasse hat. Mit viel Geduld und Einfühlungsvermögen sollten die Eltern dann nachforschen, worin die Probleme bestehen. Und dann, wenn nötig, ihrem Kind helfen, sie zu lösen:

- durch eine Aussprache mit dem Lehrer,
- durch ein Gespräch mit den Eltern der schikanierenden Kinder,
- durch Kontakte zu netten Kindern außerhalb der Schule,
- durch einen Ausgleich im Elternhaus. Gemobbte Kinder brauchen ganz besonders das Gefühl der Sicherheit in der Familie.

Was aber, wenn der berühmte schlechte Einfluss auf Ihr Kind abfärbt? Wie bei Larissa zum Beispiel. Die Neunjährige ist beim Klauen im Supermarkt erwischt worden – ihre Trophäe war eine Pferdezeitschrift mit tollen Stickern als Beigabe. Larissa war, als sie den restlichen Einkauf bezahlen wollte, an der Kasse so aufgeregt, dass ihr die Zeitschrift unter der Jacke durchrutschte und auf den Boden fiel. Die Eltern sind entsetzt: Unsere Tochter stiehlt! Erst nach und nach kam heraus, dass Larissas Freundin Kim sie zum Stehlen angestiftet hatte. „Ich hab schon ganz oft was geklaut. Macht doch Spaß!“ Kim zeigte Larissa den Werbeprospekt. „Guck mal, diese tollen Sticker!“

Eine große Versuchung sind solche Einflüsterungen durch Freunde. Selbst ein Kind, das genau weiß, was richtig und was falsch ist und dass das Stehlen zur Kategorie „falsch“ gehört, ist gegen solche Versuchungen nicht gefeit. Erst recht nicht, wenn der Freund oder die Freundin daran Konsequenzen knüpft: „Wenn du das nicht machst, bin ich nicht mehr deine Freundin.“ Wie soll sich ein Kind in einem solchen Gewissenskonflikt verhalten?

Im ersten Entsetzen und Schock über das Verhalten ihres Kindes greifen Eltern oft unmittelbar zu Strafmaßnahmen, welcher Art auch immer. Aber hat das Kind Strafe verdient, wenn es sich in einer Situation befand, die es nicht befriedigend lösen konnte? Eine solche Situation ist eine Zwickmühle: Entweder stößt das Kind seine Freundin oder seinen Freund vor den Kopf oder seine Eltern.

Seien Sie darum zurückhaltend mit vorschnellen Verurteilungen und Strafen. Ein Kind ist noch nicht reif genug, um immer und überall nach den im Elternhaus vermittelten Normen und Werten zu handeln. So wie es seinen Körper und seinen Geist immer wieder ausprobiert, so probiert es auch das im Elternhaus Gelernte aus. Und manchmal spielt es eben auch mit dem Feuer.

Wichtig ist in diesem Fall, dass Sie die Ruhe behalten und Ihr Kind nicht bereits auf dem besten Wege zum Kriminellen sehen. Bleiben Sie gelassen, aber verharmlosen Sie nichts. Sagen und zeigen Sie Ihrem Kind ganz klar, dass Sie sein Verhalten nicht richtig finden. Und vor allem: Versuchen Sie den Grund für das falsche Verhalten herauszubekommen. Es gibt Kinder, die sich durch ein negatives Verhalten Zuwendung verschaffen. Ihre Provokationen sagen: „Hallo! Ich bin auch noch da!" Für sie ist selbst das Schimpfen der Eltern besser als überhaupt nicht beachtet zu werden. Ein Kind, dessen Eltern vor allem das positive Verhalten registrieren und mit dem negativen sachlich umgehen, hat solche Provokationen nicht nötig.

„Bei denen ist alles besser"

Spätestens im Kindergarten kommt ein Kind mit anderen Familien in Kontakt und registriert, dass andere Menschen anders denken und handeln als die eigene Familie. Durch das Übernachten beim Freund merkt das Kind nicht nur, dass die einen Marmeladenbrötchen zum Frühstück essen und die anderen Müsli, es merkt auch, dass bei anderen Leuten andere Normen gelten. Vielleicht durfte es mit dem Freund zusammen baden und das gesamte Badezimmer unter Wasser setzen – was zu Hause streng verboten wäre. Oder es durfte Fernsehsendungen sehen, die bei den eigenen Eltern tabu sind. Vielleicht musste es nach dem Spielen nicht aufräumen oder sich vorm Essen nicht die Hände waschen. Vielleicht hat es aber auch viel strengere Eltern erlebt als die eigenen.

Solche Erfahrungen sind nicht in der Lage, die Werte im Elternhaus zu erschüttern. Selbst wenn das Kind ganz begeistert zurückkommt, von den netten Eltern und den vielen Tieren berichtet und kritisch meint, in der anderen Familie sei alles besser als bei ihm zu Hause, müssen Sie sich und Ihr Familienleben nicht in Frage stellen. Ihr Kind weiß, wohin es gehört, und seine Ausflüge sind ein erstes Erschnuppern der weiten Welt. Freuen Sie sich darüber, dass seine neuen Erfahrungen so positiv verlaufen. Ein Kind ist durchaus in der Lage zu akzeptieren, dass bei den Freunden andere Regeln gelten als im Elternhaus und dass es bei der Oma oder Tante wiederum andere Gesetze gibt. Sie müssen nicht eifersüchtig auf die andere Familie sein, die Ihr Kind so toll findet, und Sie müssen sich auch nicht verbiegen, um sein Wohlwollen zu erhalten. In Ihrer liebevollen Familie hat Ihr Kind seine äußere wie innere Heimat – auch wenn die anderen Eltern noch so großzügig sind.

Die Werte und der Selbst-Wert

„Lass mich mal probieren …“

Jakob hat geraucht. In einer versteckten Ecke des Schulhofs, nahe beim Zaun, ist dem Elfjährigen von einem Schüler der achten Klasse eine Zigarette aufgeschwatzt worden, die er nach einigem Zögern in Brand setzte. So etwas wie ein Initiationsritus war das für den Jungen: Jetzt bin ich auch groß, jetzt gehöre ich dazu! Pech, dass ein Lehrer die beiden beobachtet hat und prompt die Eltern informierte. Zu Hause gab es dann ein Donnerwetter, aber das ist es Jakob wert. Wie ein Erwachsener hat er die Zigarette zwischen den Fingern gehalten, lässig die Asche abgeschnippt. Jakob fühlt sich großartig.

Kein Kind, kein Jugendlicher ist dagegen gefeit, etwas auszuprobieren, das ihm schaden könnte. Das ist ganz natürlich. Denn je älter ein Kind wird, desto mehr sucht es seine Erfahrungen außerhalb des Elternhauses. Auch wenn das Kind in einem behütenden, liebevollen Elternhaus aufwächst, in dem es schon früh mitbekommen hat, was die Eltern für richtig oder falsch halten, muss es seine Neugier und seinen Lebenshunger auf vielfältige Weise stillen. Je offener und freier ein Kind erzogen wurde, umso mehr wird es wissen wollen von der Welt. Und dazu gehört vielleicht auch, wie eine Zigarette schmeckt und wie es sich anfühlt, sie in der Hand zu halten.

Ob ein solches Erlebnis allerdings lebensprägend wird, hängt auch damit zusammen, wie stabil seine seelische Ausrüstung ist, die ihm seine Eltern bis zu diesem Zeitpunkt mitgegeben haben. Wie einfach oder schwierig es ist, bei der nächsten angebotenen Zigarette „Nein" zu sagen, ergibt sich aus mehreren Faktoren:

- Der Situation, in der die erste Erfahrung gemacht wurde. Hat das Kind sie als überaus angenehm erlebt – so wie Jakob in unserem Beispiel? Dann wird es sie vielleicht ein zweites, drittes Mal wiederholen wollen.
- Der Reaktion der Eltern. Haben sie darauf entsetzt oder verständnisvoll reagiert? Im ersten Fall steht das Kind vielleicht wie ein begossener Pudel vor ihnen, verspricht möglicherweise auch, so etwas nie mehr tun zu wollen – aber im entscheidenden Moment kriecht dann das spannende Prickeln des Verbotenen den Rücken hoch, und die Mischung aus Angst und Lust lässt die Hand nach der nächsten Zigarette greifen. Hat es dagegen erlebt, dass seine Eltern Verständnis gezeigt und mit ruhigen Worten ihre Meinung gesagt haben, ohne ihr Kind zu verdammen, ist die Chance größer, dass es diese Ruhe und Entschiedenheit übernimmt und im entscheidenden Moment aus klarer Überlegung heraus handelt.
- Dem Vorbild der Eltern. Es ist prägend. Das Kind verinnerlicht Verhalten eher als Worte.
- Dem Selbstwertgefühl des Kindes. Ist es darauf angewiesen, sich durch „Mutproben" Anerkennung zu holen? Dann ist es tatsächlich in Gefahr, auf alle möglichen Versuchungen hereinzufallen. Ein junger Mensch sucht seine Identität auf vielfältige Weise, und je weniger sie bisher gefestigt wurde, umso stärker ist der Drang, sie auszubilden.

Bewegung: Kraft für Körper und Seele

„Kinder stark machen“ - unter diesem Motto steht eine Anti-Drogen-Kampagne der Bundeszentrale für gesundheitliche Aufklärung. Mit diversen Aktionen, vor allem mit sportlicher Betätigung, wollen die Initiatoren den Kindern Alternativen zum Drogenkonsum bieten. „Ziel der Kampagne ist, das Selbstvertrauen und Selbstwertgefühl von Heranwachsenden zu stärken und ihre Konflikt- und Kommunikationsfähigkeit zu fördern. Aus einer starken, selbstsicheren Position heraus sollen Jugendliche ‚Nein‘ zu Suchtmitteln sagen können“ - so definieren die Veranstalter ihre Zielsetzung.

In einem Verein Sport zu treiben ist ein hervorragendes Mittel, um das seelische Gleichgewicht zu erhalten. Durch das Sporttreiben in einer Gruppe erfährt das Kind,

- dass es sich anderen gegenüber fair verhalten muss,
- dass der Zusammenhalt in einer Gruppe ein Geben und Nehmen ist,
- dass es verbindliche Regeln gibt, an die sich alle halten,
- dass ein Einzelner für die anderen und die Gruppe wiederum für den Einzelnen Verantwortung trägt,
- dass es Spaß macht, sich zu fordern,
- dass Ausdauer und Beharrlichkeit Voraussetzungen für Erfolg sind,
- dass die Kräfte sinnvoll eingesetzt werden müssen,
- dass es sich lohnt, Herausforderungen anzunehmen.

Jedes Kind wird auf seinem späteren Lebensweg auf Situationen treffen, die ihm Kraft und innere Stärke abverlangen: der Verlust einer vertrauten Arbeitssituation oder Wohnumgebung, der Tod eines nahe stehenden Menschen, die

Notwendigkeit, sich ganz neu zu orientieren ... Ein Mensch, der es nicht gelernt hat, positiv und seiner selbst sicher auf solche Situationen zuzugehen und sie zu bewältigen, kann daran zerbrechen. Ein Mensch aber, der sich selbst vertrauen kann, sieht solche Situationen als positive Herausforderung. Er kennt seine Grenzen; er scheut sich auch nicht, andere Menschen um Hilfe zu bitten, wenn diese Grenzen überschritten werden. Er kann seine Reserven neu auffüllen, wenn sie erschöpft sind. Er muss nicht flüchten, sondern kann sich seinen Aufgaben stellen. Er spürt Ruhe in seinem Inneren oder hat die Kraft, die innere Unruhe zu glätten. Er ist sich seiner selbst bewusst. Und er ist in der Lage, Trauer, Wut, Enttäuschung in Bahnen zu lenken, die ihm nicht schaden. Manche Menschen laufen in solchen Situationen, sie rennen bis zur körperlichen Erschöpfung und tanken dadurch ihre Seele auf. Denn Körper und Seele gehören zusammen, sie bilden eine untrennbare Einheit. Wer seinen Körper kennt und sich auf ihn verlassen kann, ist eher in der Lage, mit seiner Psyche produktiv umzugehen.

Kindheit ist Bewegung, und darum sollte das Kind nicht nur im Sportverein seinen Körper und seine Kraft spüren und schulen, sondern immer und überall, im ganz normalen Alltag. Möglichkeiten dafür gibt es viele, zum Beispiel ein bewegungsfreundlich eingerichtetes Kinderzimmer. Ein großer Gymnastikball, eine Strickleiter oder Sprossenwand, ein Kriechtunnel, eine Rutsche (oder ein sicher befestigtes Rutsch-Brett), eine Hängematte oder Schaukel sind Utensilien, die im Kinderzimmer Platz finden können. Am schönsten ist das Toben natürlich in der freien Natur: auf Mauern und Bäume klettern, durch Laubhaufen kriechen, von Erdhügeln springen. Ausgedehnte Waldspaziergänge oder Besuche auf dem Spielplatz, bei denen das

Kind sich richtig austoben kann, sind darum sinnvoll verbrachte Zeit.

Anders als die Väter scheinen die meisten Mütter überaus ängstlich zu sein, wenn ihr Kind klettert und springt und rennt: Es könnte sich ja weh tun. Doch mit der Bewegung ist es wie mit allem anderen: Sicherheit entsteht durch Übung. Wer seinen Körper nie ausprobieren und trainieren kann, der bleibt ungeschickt. Wer sich dagegen körperlichen Herausforderungen stellt – und dabei auch seine Grenzen erfährt –, der entwickelt Geschick und Körperbewusstsein. Seien Sie darum zurückhaltend mit den ständigen Warn-Rufen. „Pass auf!" „Sei vorsichtig", „Kletter nicht zu hoch!" – das sind Bremsversuche, die ein Kind unsicher machen. Sparen Sie sich diese verbalen Signale für Situationen auf, bei denen es wirklich gefährlich wird. Aufgeschürfte Knie und blaue Flecken sind in einem aktiven Kinderleben eine ganz normale Begleiterscheinung.

Selbstbewusstsein wächst nicht von allein

Das Baby

Wie schwierig ist es, die Bedürfnisse eines Neugeborenen zu erraten! Es schreit und schreit, und in der ersten Zeit sind die meisten Eltern ratlos. Was hat es nur? Hunger? Langeweile? Angst? Schmerzen? Erst allmählich lernen die Eltern von ihrem Kind, welche Bedeutung seine Signale haben: die angezogenen Beinchen deuten auf Bauchschmerzen hin, und das Langeweile-Weinen unterscheidet sich eindeutig vom Hunger-Gebrüll. Eltern beobachten ihr Kind und finden dadurch heraus, wie sie die Babysprache übersetzen müssen. Ihr Kind zeigt es ihnen auch recht deutlich:

Wenn es Hunger hat, weint es so lange, bis es Nahrung bekommt. Und wenn es beschäftigt werden will, dreht es energisch den Kopf von der Flasche oder Brust fort, sucht Blickkontakt und freut sich über Ansprache.

Ein Baby lebt ganz im Augenblick und in seinem momentanen Bedürfnis. Sein Instinkt lässt es so lange jammern und schreien, bis jemand dieses Bedürfnis erfüllt. Kann man ein Baby nicht auch verwöhnen?, fragen sich einige Eltern. Muss es nicht von Anfang an lernen, dass es nicht immer und überall und sofort alles haben kann? Früher waren die Experten - allen voran die Mütter und Schwiegermütter - tatsächlich der Meinung, man müsse ein Baby vom ersten Tag seines Lebens an erziehen. Nahrung gab es nur nach festem Zeitplan, und wenn das Baby im Nebenzimmer schrie, dann ließ man es schreien, so lange man es für richtig hielt. „Schreien kräftigt die Lungen" und „Schreien fördert das Durchsetzungsvermögen" - aus voller Überzeugung wurden solche Ratschläge erteilt. Heute aber weiß man: Es ist unmöglich, ein Baby zu verwöhnen. Denn seine Äußerungen sind nicht launisches Eltern-Beschäftigungsprogramm, sondern Ausdruck existenzieller Bedürfnisse. Es braucht Nahrung genauso wie Zuwendung, Ablenkung genauso wie Ruhe, es braucht viel Körperkontakt und Nähe, aber auch Zeiten, zu denen es ungestört ist. Seine Welt ist in Ordnung, wenn es merkt, dass seine Bedürfnisse wahrgenommen und erfüllt werden. Dann fühlt sich das Baby sicher und geborgen. Dieses Gefühl ist die Basis, auf der alles andere später wachsen kann. Denn das Kind, das noch so neu und orientierungslos ist seinem Leben, spürt dadurch: Ich bin gut aufgehoben in der Welt. Es macht Freude, am Leben zu sein. Dieses Vertrauen in seine Umgebung braucht es, um sich selbst vertrauen zu können.

Jeden Tag lernt es dazu, jeden Tag wird es mehr vertraut mit den Dingen und den Menschen und mit sich selbst. Im so genannten „Trotzalter" stellt es dann das Gelernte auf die Probe. Es muss herausfinden, wie seine Umgebung auf sein Verhalten reagiert. Das Ziel ist die Bestätigung seiner selbst und der Spielregeln, die es bereits kennen gelernt hat und nun auf den Prüfstand stellt, um sie verinnerlichen zu können. „Nein" - das ist das Lieblingswort in dieser Phase. In dieser Zeit brauchen Eltern viel Fingerspitzengefühl, um angemessen zu reagieren.

Wenn ein Kind mitten auf der Straße die Hand des Erwachsenen verweigert und allein über die Fahrbahn gehen möchte, darf es das natürlich nicht durchsetzen, und die große Hand muss die kleine nun um so fester umschließen. Wenn es die Herdplatten oder Steckdosen erkunden möchte, können wir das nicht erlauben und müssen dafür sorgen, dass sich das Kind nicht verletzen kann. Gefahren durch Autos oder die moderne Haushaltstechnik sind nicht im instinktiven Lernplan eines Kindes verankert. Vor Schaden, den es sich selbst und anderen zufügen könnte, muss es bewahrt werden - bis es alt genug ist, das rational zu verstehen und entsprechend zu handeln. In allen anderen Bereichen aber braucht es Bestätigung.

Das Sitzen, Krabbeln und Laufen, das Essen mit dem Löffel und das Sauberwerden, das Springen von einer kleinen Mauer und das Ansehen von Bilderbüchern und all die vielen anderen kleinen und großen Entwicklungsschritte unternimmt das Kind fast ganz allein, sanft unterstützt von seinen Eltern. Vorbei sind glücklicherweise die Zeiten, zu denen man Kinder aufs Töpfchen zwang oder ihnen das Laufenlernen mit Gewalt beibringen wollte. Heute weiß man, dass Kinder ihr individuelles Entwicklungstempo besitzen und dass es einem gesunden Kind zugetraut werden kann, sich in seinem eigenen Tempo zu entwickeln. Es braucht dazu nicht mehr als Bestätigung, Ermunterung und liebevolle Unterstützung seiner Eltern. Immer wieder plumpst es auf den Po, wenn es seine Beinchen ausprobiert. Und immer wieder zieht es sich hoch, legt erst kleine Strecken auf den eigenen Beinen zurück und dann immer größere. Es übt so lange, bis es diese Aufgabe bewältigt hat. Und dann kommt der nächste Schritt. Das Kind weiß dabei ganz genau, wann ihm etwas zu viel wird. Dann hört es ganz einfach auf.

Ist das Kind unzufrieden, teilt es das seiner Umgebung ganz entschieden mit. Das sind die Momente, in denen Eltern besonders starke Nerven brauchen. Und in denen die Verunsicherung groß ist: Was kann ich meinem Kind erlauben, was sollte ich ihm verbieten? Aus dieser Unsicherheit heraus – und um der schwierigen Aufgabe zu entgehen, die wahren Bedürfnisse des Kindes zu interpretieren – versuchen wir oft den Weg des geringsten Widerstandes: die Ersatzbefriedigung. Es ist so einfach, ein anstrengendes Kind ruhig zu stellen. Wenn es weint, bekommt es eben den Schnuller in den Mund gedrückt, einen Keks oder das Teefläschchen in die Hand. Ein Kind lässt sich so abspeisen, und wenn es ständig fühlt, dass der Schnuller oder das Teefläschchen für Ablenkung von den eigentlichen Bedürfnissen sorgt, dann gewöhnt es sich daran. Pflegeleichte Kinder werden so herangezogen, Kinder, deren Hunger auf die Welt mit der Teeflasche erstickt wird. Und später vielleicht mit Süßigkeiten. Solche Kinder bleiben immer hungrig, womöglich bis sie erwachsen sind. Eigentlich hungert ihre Seele, aber sie stopfen Essbares in sich hinein, grenzenlos viel, und der Hunger bleibt. Sie haben gelernt: Bedürfnisse können durch Ersatzbefriedigungen verdrängt werden. Ein emotionales Muster, das bis ins Erwachsenenalter hinein wirken kann. Sie haben aber auch gelernt: Die Erwachsenen sind zufrieden mit mir, wenn ich ruhig bin und mich anpasse.

Die Vermutung liegt nah, dass ein Kind, dem das „Bravsein" durch Ablenkungen antrainiert wird oder das nur Lob und Zuwendung erhält, wenn es sich konform und „pflegeleicht" verhält, später eine eher stille, unauffällige und zurückhaltende Persönlichkeit sein wird. Wenn es in der frühen Kindheit nicht ermutigt wurde, sich zu äußern und aktiv im Leben zu stehen, wird es als Erwachsener nicht plötzlich die Welt erobern. Bei Konflikten wird es sich wahrscheinlich in sich zurückziehen oder sie zu verdrängen suchen, anstatt sie offensiv zu lösen.

In der frühen Kindheit werden so die Weichen gestellt für die Persönlichkeit eines Kindes. Einiges bringt es sicher mit auf die Welt: Das individuelle Temperament macht sich sogar schon im Mutterleib bemerkbar. Von den Reaktionen seiner Umgebung hängt es dann aber ab, ob sich das Kind in seiner Individualität entfalten kann. Dazu muss es

- in seiner Einzigartigkeit akzeptiert und geliebt werden,
- seine Bedürfnisse äußern dürfen, auch wenn es nicht um etwas Existentielles geht,
- Bestätigung bekommen bei kleinen Erfolgen,
- ermutigt werden bei Rückschlägen,
- das Vertrauen der Eltern in seine Kompetenz spüren und wiederum ihnen vertrauen können.

Stellen Sie sich vor, Ihr Kind klettert beim Waldspaziergang auf einen Stapel von Baumstämmen. Nun steht es oben und traut sich nicht herunterzuspringen. Was tun Sie?

- Sie haben Angst, dass es herunterfällt und schimpfen, weil es so hoch geklettert ist.
- Sie trauen ihm den Sprung nicht zu und bitten es, vorsichtig wieder herunterzusteigen.
- Sie rufen ihm zu, dass es doch springen soll - aus Schaden wird man klug.
- Sie gehen einfach weiter und nehmen an, dass es schon selbst wissen wird, wie es da herunterkommt.
- Oder: Sie klettern ihm entgegen, helfen ihm beim Abstieg und lassen es aus der Höhe, die es angstfrei und ohne Risiko bewältigen kann, selbst springen.

Bei dieser letzten Variante geben Sie Ihrem Kind beides: helfende Sicherheit und trotzdem die Möglichkeit, selbstständig zu handeln. Auf den gesamten Umgang zwischen Eltern und Kind kann dieses Beispiel umgesetzt werden: Beobachten Sie Ihr Kind, finden Sie seine Grenzen heraus, helfen Sie ihm, seine Ziele zu erreichen, lassen Sie es im richtigen Moment selbst aktiv werden.

Das Schulkind

Vielen neuen Einflüssen - positiven und negativen - ist das Kind in der Schule ausgesetzt. Das Wertesystem, das im Elternhaus gilt, wird auf die Probe gestellt. Die Lehrer, die Mitschüler und deren Eltern sorgen für neue Anregungen und Erfahrungen. Und doch bringt es bereits in diesem Alter ein Lebensmuster mit in die Schulzeit, das sich in den ersten fünf oder sechs Lebensjahren ausgeprägt hat, noch flexibel und in alle Richtungen veränderbar, aber doch als Fundament vorhanden. Von dem berühmten Naturforscher und Weltreisenden Alexander von Humboldt wird berichtet, er habe als Kind Zeichnungen von Blumen und Pflanzen angefertigt. Seine Mutter hängte diese Bilder in ihrem

Schlafzimmer auf. Diese Form der Anerkennung mag einer der Gründe dafür sein, dass aus dem interessierten Kind ein angesehener Wissenschaftler wurde, der seine Neugier auf die Welt zeitlebens behielt. Nichts bringt ein Kind mehr voran als das Gefühl: Ich werde als Person und in meinem Handeln anerkannt.

In der Schule hat es solche Erfolgserlebnisse nicht immer. Und manche Kinder nie. Die Schulform, der die meisten Kinder begegnen, ist auf Leistung aufgebaut. Nicht soziale oder emotionale Kompetenz ist gefragt, sondern Kopfleistung, Gehirnschmalz, Denkvermögen. Seit einiger Zeit kommen immer mehr Schulleiter allerdings dahinter, dass es neben der Wissensvermittlung noch anderes gibt, das Kinder brauchen. Sie merken, dass das Sozialverhalten in den Klassen schlechter und immer schlechter wird, dass viele ihrer Schützlinge kaum andere Interessen haben als die angesagten Jeans oder das neueste Handy. Innere Leere macht sich bei Kindern bemerkbar. Überall, vor allem in sozialen Brennpunkt-Gebieten, versuchen Lehrer, den Kindern wenigstens ansatzweise kulturelle Erfahrungen zu ermöglichen: Engagiert malen, lesen, tanzen, singen, musizieren sie mit den Kindern, besuchen mit ihnen Konzerte, Theaterstücke und Ausstellungen – und wissen doch, dass der Erfolg nur bescheiden bleiben kann. Die Schule kann nicht das Vakuum füllen, das in einem lieblosen, gleichgültigen Elternhaus herrscht. Die Vermittlung von Werten muss durch die Eltern geschehen, die Schule kann hier nur Flickwerk leisten. Es kann auch nicht ihr erklärtes Ziel sein, das im Elternhaus Versäumte aufzufüllen.
Dennoch: Eine Schule, die heutigen Bedürfnissen genügt, könnte so aussehen:

- Eine Eingangsstufe, in der Kinder ihren individuellen Vorbedingungen und Fähigkeiten gemäß gefördert werden: Wer schon fit ist für die Klassengemeinschaft und das Lernpensum, steigt gleich ein ins Unterrichtsgeschehen; wer sich in der Gemeinschaft mit anderen Kindern und dem Lernen noch schwer tut, hat ein bis zwei Jahre Zeit, sich in Vorklassen daran zu gewöhnen.

- Lerninhalte, die sich nicht nur an den Verstand richten, sondern auch an das Empfinden. Wer andere von sich abschreiben lässt, bekommt nicht einen Tadel und eine Sechs, sondern ein Lob. Und eine Eins für hervorragendes Sozialverhalten.

- Ein demokratisch ausgerichtetes Lernen. Bei den riesigen sozialen und intellektuellen Unterschieden, die in heutigen Schulklassen herrschen, wird alles darangesetzt, dass die Schwachen nicht durchs Raster fallen, sondern optimal gefördert werden, bis sie den Anschluss gefunden haben: durch professionelle Nachhilfe seitens der Schule, durch Mitschüler, die sich als Tutoren um die Klassenfreunde kümmern.

- Das Erleben von Kunst und Kultur als gleichberechtigte Unterrichtsdisziplin - ohne Benotung. Besuche von Konzerten und Museen, das Einüben von Theaterstücken und experimentelles Malen am Nachmittag. Es wird vermieden, dass diese Fächer ausfallen - wenn ein Lehrer krank wird, gibt notfalls der Mathe-Lehrer seine Stunde dafür her.

- Kurse in fairem Streiten. Wer sich prügeln muss, kann das tun - aber unter Aufsicht und mit vorher ausgehandelten Regeln.

- Kurse in Konversation. Es wird eingeübt, wie man sich verständlich, fair und freundlich ausdrückt. Und wie man anderen zuhört.

- Hausbesuche der Lehrer, um die Kluft zwischen Elternhaus und Schule zu überwinden.

Ein schöner Traum - zu schön für die Realität?

Ein Lob muss aus dem Herzen kommen

„Haben Sie Ihr Kind heute schon gelobt?", lautet ein gut gemeinter und weit verbreiteter Slogan. Gut gemeint ist er, weil Kinder Lob so nötig brauchen wie die Luft zum Atmen; Lob bedeutet Anerkennung und Ansporn. Doch jeden Tag ein Lob - so wie die tägliche gute Tat der Pfadfinder: Ist es das, was Kinder brauchen?

Max hat ein Bild gemalt. Eigentlich hat er es gar nicht gemalt, sondern ein bisschen vor sich hingekritzelt. Mal sehen, was die Mama dazu sagt. Und was sagt sie? „Toll!" Laura macht einen Purzelbaum und hüpft auf einem Bein. „Mama, guck mal!" Und Mama jubelt: „Toll, Laura!" Ob Max und Laura sich da ernst genommen fühlen? Was ist, wenn sie sich wirklich anstrengen, das Letzte geben, und ihre Mütter kommentieren das mit dem gleichen „Toll!" wie die Kritzelei oder den Purzelbaum? Wer sich bemüht, sein Kind immer und für jede Leistung verbal zu belohnen, hat bald sein Pulver verschossen, denn die Steigerungsfähigkeit der bewundernden Ausrufe ist begrenzt.

Kinder merken sehr genau, wann ein Lob nur so daher gesagt und wann es ehrlich gemeint ist. Ein kaltes, routiniert ausgesprochenes Lob beflügelt nicht, sondern stumpft eher ab. Seien Sie darum zurückhaltend mit verbalen Schmeicheleien. Das bedeutet nicht, dass Sie Ihr Kind ignorieren sollten, wenn es Ihnen etwas präsentiert. Denn damit zeigt es doch, dass es mit Ihnen in Kontakt treten möchte. Aber das Gegenteil zu einem halbherzigen oder gedankenlosen Pseudo-Lob ist wirkliches Interesse, und das muss nicht immer in Freudenschreie ausarten. „Du hast ein Bild gemalt", könnte etwa Max' Mutter sagen, „aber ich kann darauf gar nichts erkennen. Wolltest du deinen Filzstift ausprobieren? Oder hast du nur mal so ein paar Striche gezeichnet?" Max bekommt dadurch die Zuwendung, die er gesucht hat. Und er findet echtes Interesse statt einer leeren Worthülse.

Oft liegt uns auch eine ironische Bemerkung auf der Zunge, wenn wir merken, dass unser Kind eine Leistung präsentiert, die eigentlich gar keine ist: „Na super, das ist ja ein richtiges Meisterwerk!" Auch solche Kommentare sollten Eltern vermeiden. Die meisten Kinder können mit Ironie nichts anfangen, denn sie nehmen Gesagtes wörtlich. Und sind verwirrt, wenn die Worte und der ironische Gesichtsausdruck oder das leicht verächtliche Lachen nicht zusammenpassen. Versuchen Sie, Ihrem Kind die Konversation der Erwachsenen mit all ihren leeren Floskeln, zynischen Bemerkungen und Hintergründigkeiten zu ersparen. Seien Sie offen, auch in ihren Worten.

Aber wann soll denn nun gelobt werden? Immer dann, wenn das Kind wirklich etwas Außergewöhnliches geleistet hat. Anna zu Beispiel, die einen ganzen Nachmittag auf den kleinen Bruder aufgepasst hat, weil die Eltern etwas Dringendes erledigen mussten, hat auf jeden Fall ein Lob verdient. Felix auch, weil er so große Schwierigkeiten in

Mathe hat und nun, nach langem Üben, endlich immerhin eine Vier nach Hause bringt. Maria muss gelobt werden, weil sie ein grandioses Lego-Gebilde konstruiert hat und Marius, weil er gemerkt hat, dass sein Kaninchen krank ist und ganz allein mit ihm zum Tierarzt gegangen ist. Ein ehrliches Lob findet seinen Weg aus dem Herzen auf die Zunge - und nur dann sollten wir es aussprechen. Übrigens muss ein Lob nicht an eine konkrete Handlung geknüpft sein. Ab und zu, wenn uns danach ist, dürfen wir unseren Kindern auch sagen, welch prächtige Menschen sie sind. Nur so, ohne jede erbrachte Leistung.

Grenzen

Alle Kinder loten aus, wie weit sie in ihrem Verhalten gehen können. Bei einigen von ihnen reicht es nicht aus, durch kleine Signale die Grenzen deutlich zu machen. Sie brauchen besonders viel Eindeutigkeit und Klarheit, um zu merken: Halt! Bis hierher und nicht weiter! Das Kind, das sich in Tobsuchtsanfälle hineinsteigert und blindwütig um sich schlägt. Das Kind, das sein Essen immer wieder ausspuckt und dabei fragend zur Mutter hinübersieht, wie sie wohl reagieren wird. Das Kind, das über Tische und Bänke steigt und damit die - wenn auch genervte - Aufmerksamkeit aller Anwesenden beansprucht. Mit verbalen Appellen kommen Eltern hier manchmal nicht weit. Das ständige „Lass das!“ verpufft im Aktionismus der kleinen Nervensägen, und spätestens das fünfte „Lass das“ klingt wie Regen an der Fensterscheibe: ein beruhigendes Dauergeräusch, das man nach einer Weile gar nicht mehr wahrnimmt.

Hier braucht das Kind intensiveren Kontakt als herübergerufene Worte. Blickkontakt, eine Berührung an Schultern oder Armen und ein klares, ernsthaftes „Nein“ sind verständliche Signale dafür, dass es nun genug ist. Vermeiden sollten Sie allerdings entwürdigendes Kritisieren Ihres Kindes. Der norwegische Aggressionsforscher Dan Olwens fand heraus, dass Kinder, deren Selbstwertgefühl oft herabgesetzt wird, erst recht aggressives Verhalten entwickeln. Ihre Seele wird wund, sie reagieren überempfindlich, auch schon bei geringen Anlässen.

Vor einigen Jahren, als die damaligen jungen Eltern zu ahnen begannen, dass Kinder so etwas wie Grenzen brauchen, kam ein viel beachtetes Buch auf den Markt: „Der kleine Tyrann“. Darin vermittelte die Psychologin Jirina Prekop den verunsicherten Eltern zum einen, dass sie nicht die Einzigen sind, die mit einem schwierigen Kind klarkommen müssen, zum anderen, dass es keine pädagogische Bankrotterklärung ist, Grenzen zu setzen – und durchzusetzen. Ein Rat der Psychologin fand ganz besonders Interesse bei den Eltern, die das Buch gelesen hatten: das Festhalten. Ein Kind, das außer sich ist und ganz offensichtlich Schwierigkeiten hat, seine Grenzen zu erkennen und anzunehmen, sollte von seinen Eltern in den Armen festgehalten werden, so lange, bis es sich beruhigt hat und seinen Widerstand aufgibt. Das „Festhalten“ wurde zur Erziehungsmode. Nicht nur Therapeuten, auch Eltern hielten fest, bei jeder Gelegenheit und oft stundenlang. In Fachkreisen wurde diese Erziehungsvariante teilweise kritisch bewertet. Und Kritik ist auch angebracht. Die Arme der Eltern, die doch liebevoller Schutzort sein sollten, als Schraubzwinge zu benutzen und das Kind so lange festzuhalten, bis sein Wille gebrochen ist, kann einem verstörten Kind wohl kaum den inneren Halt geben, den es braucht. Arme, die Nähe und Geborgenheit spenden, in die man sich beim Vorlesen kuscheln kann oder die tröstend umfangen, sind ein angenehmer und freundlicher Ort. Hier kann das Kind seine Grenzen frei und freiwillig erfahren, indem es sich an der Warmherzigkeit, Geduld und Freundlichkeit seiner Eltern orientiert. Mit Gewalt kann man ein Kind konditionieren, aber nicht seine Seele positiv formen. Zwang und Gewalt bewirken Widerstand, liebevolles Verständnis bewirkt positive innere Prägung.

Eines sollte endlich ganz und gar verboten und als moralisch verwerflich geächtet werden, nicht nur vom Kinderschutzbund oder anderen Kinderrechts-Institutionen, sondern auch unter Nachbarn, Freunden, Verwandten, Bekannten: das Schlagen. Egal ob mit Gegenständen oder der Hand, egal ob ins Gesicht oder auf den Körper, egal wie stark oder wie schwach. Gegen diesen Un-Wert, der Kinderseelen zerstört und ihnen Gewalt als Lebensprinzip mitgibt, sollte jeder von uns angehen, mit allen Mitteln. Gewalt gegen Kinder: Das ist die Grenze, die Eltern und alle anderen Erwachsenen nicht überschreiten dürfen.

Wenn die Kinder größer werden

Auf der Suche nach dem Platz im Leben

„Die Jugend liebt heutzutage den Luxus. Sie hat schlechte Manieren, verachtet die Autorität, hat keinen Respekt vor älteren Leuten und schwatzt, wo sie arbeiten soll. Die jungen Leute stehen nicht mehr auf, wenn Ältere das Zimmer betreten. Sie widersprechen ihren Eltern, schwadronieren in der Gesellschaft, verschlingen bei Tisch die Süßspeisen, legen die Beine übereinander und tyrannisieren ihre Lehrer."

Diese Wehklage stammt nicht von leidgeprüften Eltern oder Pädagogen heutiger Tage, sondern von einem kinderlosen Analytiker seiner zeitgenössischen Gesellschaft: von dem Philosophen Sokrates (470–399 vor Christus).

Keine Generation von Kindern und Jugendlichen konnte und kann es der Generation ihrer Eltern und Großeltern recht machen. Immer schon beklagte sich die ältere, erfahrene Generation über die Jungen, die ihren Standort in der Gesellschaft erst ertasten, die provozieren, sich von den Älteren abgrenzen, um irgendwann ihre Schranken, Grenzen und ihrem Platz im Leben selbst erkennen zu können. Und immer schon besaß die ältere Generation zu wenig Geduld und Vertrauen, um den Jungen die lange Leine zu geben und gelassen abzuwarten, bis sich die stürmische Seele beruhigt und im Leben verankert hat.

Beides ist normal und verständlich: die nervöse Suche der Jugend und der Zweifel der Erziehenden. Die Jugendlichen müssen ihren Weg erst suchen, laufen Umwege, probieren sich und die Welt aus. Das müssen sie tun, denn die Erfahrungen, die sie dadurch sammeln, brauchen sie für ihr späteres Leben. Neueren Untersuchen zufolge hat das flegelhafte Verhalten der Jugendlichen gar biologische Ursachen: Wissenschaftler der San Diego State University fanden heraus, dass sich während der Pubertät das Gehirn umstrukturiert und neue Verbindungen zu den Nervenzellen bildet. In dieser Phase, so die Wissenschaftler, verlieren die jungen Menschen viel von ihrer Fähigkeit, die Gefühle anderer einzuschätzen. Erst mit etwa 18 Jahren sei das soziale Gespür wieder vorhanden (Quelle: Süddeutsche Zeitung, 22.10.02).

Wenn die Eltern ihre Erziehungsaufgabe ernst nehmen, möchten sie natürlich Erfolge ihrer Erziehung sehen, wollen ihren Kindern die umständlichen Erfahrungen ersparen und sie möglichst ohne Umwege in die Bahnen leiten, die sie für richtig halten. Kein Wunder, dass die Pubertät Eltern und Kinder zu Kontrahenten macht. Die einen müssen ihren Weg suchen, ihre Erfahrungen und die Werte ihres Elternhauses auf die Probe stellen, die anderen warten ungeduldig auf die Früchte ihrer Erziehung. Wie eine zweite Trotzphase erscheint den Eltern das bockige und unkooperative Verhalten ihrer Kinder. „Was haben wir nur falsch gemacht?“

Gar nichts haben Sie falsch gemacht, wenn Sie Ihren Kindern von klein auf Liebe, Geborgenheit, Sicherheit und Achtung geschenkt haben. Mehr können Eltern nicht tun. Sie dürfen darauf vertrauen, dass die Saat aufgeht, wenn sich der Sturm gelegt hat. In diesen chaotischen Zeiten, in denen die Hormone der Kinder durchdrehen und die Psyche verrückt spielt, in der die Liebe zu den Eltern Konkurrenz bekommt durch die Liebe zum Mädchen oder Jungen in der Parallelklasse oder zu einer Pop-Ikone - in dieser wirren und nervenzehrenden Phase wird den Eltern ein ganz wesentlicher Wert abverlangt: Geduld. Ein sicherer Hafen, in dem das Kind Kraft und Zuversicht tanken kann, soll das Elternhaus sein. Aber ein Hafen, von dem aus das erwachsen werdende Kind jederzeit zu neuen Erfahrungen aufbrechen kann.

„Nikos Familie ist viel toleranter. Er darf bis nachts um zwei unterwegs sein. Und seine Freundin darf bei ihm übernachten ...". Natürlich sucht sich Ihr Kind Beispiele heraus, die grenzenlose Freiheit demonstrieren. Für Sie ist das eine gute Gelegenheit, Ihre Moralskala zu überdenken und vielleicht zu revidieren. Wenn aber Ihre persönlichen Prinzipien dadurch beschädigt würden: Sagen Sie es Ihrem Kind. Es wird nicht daran sterben, wenn es um elf anstatt erst um zwei zu Hause sein muss. Und wenn Sie es nicht wollen, dass Ihr Sohn oder Ihre Tochter die Freundin/den Freund zum Übernachten mit nach Hause bringt - dann müssen Sie sich nicht verbiegen. Ein klares Nein erträgt Ihr Kind leichter als eine vorwurfsvolle Miene und drei Tage Schlechtwetter in der Familie. Denn auch jetzt noch will es wissen, woran es ist. Es braucht seine Familie noch immer als Trutzburg und als Mess-Station für sein Verhalten. Auch wenn es so scheint, als entfernte es sich immer mehr von Ihnen: Es braucht Sie als Orientierung. Und ab und zu eben auch als Reibungsfläche, an der es sich abarbeiten kann. Ein paar Jahre lang wird Ihr Kind die gewohnte Werteskala und damit Ihre Nerven immer wieder auf die Probe stellen, bis es seine psychische und moralische Heimat gefunden hat. Wenn es das Gefühl von Verständnis und Akzeptanz durch seine Eltern ins Erwachsenenalter mitnehmen kann, dann wird es auf seinem Lebensweg die Werteskala seiner Familie niemals verlieren. So wie das kleine Kind seine unmittelbare Umgebung erkunden muss, so muss das fast erwachsene Kind seinen nun viel weiter gewordenen Horizont erkunden, selbstständig, selbst-bewusst und frei – aber mit dem sicheren Gefühl der Geborgenheit durch seine Familie.

Was Kinder brauchen

Ein Glossar

Bestimmte Grundbedürfnisse müssen erfüllt werden, damit ein Kind ausgeglichen, mit sich selbst und der Welt zufrieden im Leben steht. In einer Familie, in der die Kinder sich wohl fühlen können, müssen Werte nicht anerzogen werden: Sie werden als selbstverständlich verinnerlicht.

Achtung und Akzeptanz
Es ist so einfach, ein Kind nicht ernst zu nehmen, es niederzubrüllen oder lächerlich zu machen. Es kann sich ja nur begrenzt wehren. Doch es braucht Menschen um sich herum, die seine Stärken sehen und ihm helfen, seine Persönlichkeit zu entwickeln.

Betreuung
Das Kind braucht feste Bezugspersonen. Es kann auch eine gute Kinderfrau oder Tagesmutter oder ein anderer lieber Mensch sein, der sich verlässlich um das Kind kümmert.

Chaos
Ein gewisses Maß an Chaos muss sein. Das Kinderzimmer kann nicht immer penibel aufgeräumt sein, wenn ein Kind darin fantasievoll spielt, und das Ungeplante, Unberechenbare ist manchmal höchst spannend.

Deutliche Signale
Die meisten Kinder können mit Ironie oder versteckten Botschaften nichts anfangen, sie werden verunsichert. Darum ist Eindeutigkeit in Sprache und Verhalten wichtig.

Erfolgserlebnisse
Sie bringen das Kind voran, schenken Sicherheit und Selbstbewusstsein. Ständige Kritik dagegen lässt Kinderseelen verkümmern.

Freunde
Kinder brauchen andere Kinder. Durch sie und deren Familien erweitern sie ihren Horizont. Freundschaften vermitteln wichtige Erfahrungen: das Streiten und Sich-wieder-Vertragen, Verlässlichkeit, Zuneigung.

Geborgenheit
So neugierig und weltoffen Kinder auch sind – sie brauchen den sicheren Hafen der Familie. Als Rückzugsort, in dem sie auftanken können, als Schutzraum, in dem sie sich sicher und angstfrei entfalten können.

Humor
Humor macht vieles leichter und bringt Schwung ins Familienleben. Problematische Situationen lassen sich durch Humor oft entschärfen.

Interesse
Es ist in zweierlei Hinsicht wichtig. Zum einen müssen Kinder die Möglichkeit haben, ihre eigenen Interessen wahrzunehmen und auszubauen. Zum andern müssen sie merken, dass ihre Eltern und die übrige Umgebung Interesse an ihnen hat, sie in ihrer Individualität wahrnimmt.

Klarheit

Sie ist das Gegenteil von Verschwommenheit, Strukturlosigkeit. Mit klarem und eindeutigem Verhalten der Eltern kommen Kinder am besten zurecht und es fällt ihnen nicht schwer, sich damit zu identifizieren.

Liebe

Vielleicht das wichtigste Bedürfnis von allen. Kinder wollen geliebt werden und selbst lieben. Liebe beinhaltet viel: Akzeptanz, Offenheit, Einfühlungsvermögen, Geduld, Optimismus ... Liebe in all ihren Schattierungen ist der Nährboden für alles Gute, Schöne und Richtige.

Mut

Mut hilft, die eigenen Grenzen zu erkennen. Wer mutig eine Meinung äußert oder wer in einen Baum klettert, so weit ihn das Gefühl der Sicherheit trägt, der lotet die eigenen Spielräume aus und lernt, sich selbst einzuschätzen. Übermut schleift sich irgendwann ab, aber der Mut sollte ein ganzes Leben lang halten.

Neue Erfahrungen

Sie bringen den Menschen voran und erweitern den Horizont des Denkens und Fühlens. Ein Kind erfährt täglich Neues, zuerst in der Obhut seiner Eltern, dann in eigener Regie. Dem Kind zu helfen, seine Erfahrungen in positiver Weise auszuwerten und anzuwenden – das ist das eigentliche Ziel der Erziehung.

Ordnung

Ordnung schenkt die nötige Übersicht im Leben. Sie erleichtert das Denken und Handeln. Chaos und Ordnung: beides muss sein.

Präsenz der Eltern

Je älter ein Kind wird, desto mehr kann es die körperliche Präsenz seiner Eltern entbehren – der Kindergarten, die Freunde, die Schule schieben sich Stück für Stück zwischen die enge Symbiose der ersten Lebensjahre. All das ergänzt, aber ersetzt nicht das enge Band zwischen Eltern und Kindern.

Rituale

Kinder sind Gewohnheitsmenschen. Die immer gleiche Geschichte am Abend, der immer gleiche Ablauf des Geburtstags ... Rituale schenken Sicherheit und geben dem Kind das Gefühl der Verlässlichkeit.

Selbstbewusstsein

Wer sich seiner selbst nicht bewusst ist, der ist anfällig für alle möglichen Gefährdungen, denn er sucht und sucht, um sich selbst endlich zu finden. Selbstbewusstsein bedeutet die souveräne Abgrenzung von schädlichen Einflüssen und das ebenso souveräne Annehmen von Erfahrungen, die die Persönlichkeit ergänzen. Der Grundstein für ein gesundes Selbst-Bewusstsein wird in der Kindheit gelegt.

Tiere

Kinder lieben Tiere und Tiere lieben Kinder. Wenn möglich, sollte das Kind ein eigenes Tier an seiner Seite haben: als treuen Freund und Beschützer, als Objekt der Fürsorge und gewissenhaften Pflege. Nur: Ist ein Kind noch sehr jung, kann es die Pflege noch nicht verantwortlich übernehmen.

Urvertrauen

Es ist dem Kind angeboren, denn in der ersten Zeit ist es hilflos und ganz auf die Erwachsenen angewiesen. Ein

Mensch, der sein Urvertrauen ins Erwachsenenalter mitnehmen kann, hat etwas sehr Kostbares im Gepäck: das Vertrauen in seine positiven Kräfte und die Sicherheit, dass auch schwierige Situationen gemeistert werden können.

Väter

Die Trennung der Eltern, die vorwiegend weiblichen Bezugspersonen in Kindergarten und Grundschule - einige Kinder wachsen so gut wie ohne Kontakt zu Männern auf. Doch Kinder - Jungen wie Mädchen - brauchen nicht nur den mütterlich-behütenden, sondern auch den väterlich-herausfordernden Erziehungsstil. Der enge Kontakt zu männlichen Verwandten oder Freunden ist in diesem Fall wichtig.

Willensstärke

Sie ist eng mit dem Selbstbewusstsein verwandt. In der Trotzphase lotet das Kind zum ersten Mal aus, wie weit es mit seiner Willensstärke kommt. Wenn dort geduldig und verständnisvoll die Grenzen definiert werden, hat das Kind gute Chancen, seine Persönlichkeit und den eigenen Willen später positiv zu entfalten.

Zeit zum Spielen

So wichtig es ist, das Kind zu fördern, durch Blockflöten- und Sportkurse, durch Ballett- und Reitunterricht - genug unverplante Zeit muss sein. Ein Kind braucht Freiraum zum Spielen, Träumen und Trödeln. Es muss Gelegenheit haben, die vielen Eindrücke, die ihm begegnen, zu verarbeiten.

Literatur

Aust-Claus, Elisabeth/Petra-Marina Hammer: „Das ADS-Buch". Oberstebrink Verlag, Ratingen 1999

Beil, Brigitte: „Gutes Kind, böses Kind - Warum brauchen Kinder Werte?", Deutscher Taschenbuch Verlag, München 1998

Bettelheim, Bruno: „Kinder brauchen Märchen", Deutscher Taschenbuch Verlag, München, Neuaufl. 1993

Deutsche Shell (Hrsg.): „Jugend 2002/ 14. Shell Jugendstudie", Fischer Taschenbuch Verlag, Frankfurt/Main 2002

Deutsches Kinderhilfswerk (Hrsg.): „Kinderreport Deutschland - Daten, Fakten, Hintergründe", kopaed Verlag, München 2002

Elschenbroich, Donata: „Weltwissen der Siebenjährigen - Wie Kinder die Welt entdecken können",
Verlag Antje Kunstmann, München 2001

Frenkel, Xenia: „Kindern Werte mitgeben - Worauf es ankommt und wie es gelingt", Verlag Herder
(Herder Spektrum 4632), Freiburg 1998 (vergriffen)

Freud, Sigmund: „Das Unbehagen in der Kultur und andere kulturtheoretische Schriften", Fischer Verlag, Frankfurt am Main, 8. Aufl. 2003

Gürtler, Helga: „Kinderärger, Elternsorgen". Ravensburger Buchverlag Otto Maier, Ravensburg 1989 (vergriffen)

Haug-Schnabel, Gabriele/ Schmidt-Steinbrunner, Barbara: „Wie man Kinder von Anfang an stark macht", Oberstebrink Verlag, Ratingen 2002

von Hentig, Hartmut: „Ach, die Werte! – Über eine Erziehung für das 21. Jahrhundert", Carl Hanser Verlag, München/Wien 1999

Höffe, Otfried: „Lesebuch zur Ethik", Verlag C. H. Beck, München, 3. durchges. Aufl. 2003

Kohnstamm, Rita: „Praktische Kinderpsychologie", Verlag Hans Huber, Bern 1990

Kohnstamm, Rita: „Praktische Psychologie des Schulkindes", Verlag Hans Huber, Bern 1994

Korczak, Janusz: „Kinder achten und lieben", Verlag Herder (Herder Spektrum 5158), Freiburg, 3. Aufl. 2001

Neuhaus, Cordula: „Das hyperaktive Kind und seine Probleme", Urania, Berlin, 11. Aufl. 2002

Nuber, Ursula: „Der Mythos vom frühen Trauma", S. Fischer Verlag, Frankfurt am Main 1999

„Neue Kinderbriefe an den lieben Gott", gesammelt von Eric Marshall und Stuart Hample. Gütersloher Verlagshaus, Reihe: GTB, Gütersloh 1999 (vergriffen)

Prekop, Jirina: „Der kleine Tyrann - Welchen Halt brauchen Kinder?“, Kösel Verlag, München, 18. Aufl. 1997

Rogge, Jan-Uwe: „Kinder können fernsehen“, rororo, Reihe „Mit Kindern leben“, Reinbek bei Hamburg 2001

Siegler, Robert S.: „Das Denken von Kindern“, Oldenbourg Verlag , München/Wien, 3. Aufl. 2001

Sommerfeld, Verena: „Umgang mit Aggressionen. Ein Arbeitsbuch für Erzieherinnen, Lehrer und Eltern“, Beltz, Weinheim 1996

tps - Theorie und Praxis der Sozialpädagogik, Ausgabe 3/2002, Thema „Gut und Böse“, Hrsg. Evangelische Bundesarbeitsgemeinschaft für Sozialpädagogik im Kindesalter e. V. und Kallmeyer'sche Verlagsbuchhandlung

Adressen

Aktion „Kinder stark machen“:
Bundeszentrale für gesundheitliche Aufklärung
Ostmerheimer Straße 220
51109 Köln
Telefon 0221-89 92 0
Infotelefon zur Suchtvorbeugung: 02 21-89 20 31
Internet: www.bzga.de

Allein Erziehende:
Verband allein erziehender Mütter und Väter/VAMV-Bundesverband e.V.
Hasenheide 70
10967 Berlin
Tel. 030-695 978-6
Internet: www.vamv.de

Elterninitiativen:
Bundesarbeitsgemeinschaft Elterninitiativen/BAGE e.V.
Einsteinstr. 111
D-81675 München
Tel: (089)4706503
Internet: www.bage.de

Erziehungsberatung:
Bundeskonferenz für Erziehungsberatung
Herrnstr. 53, 90763 Fürth,
Tel (09 11) 9 77 14 - 0
Internet: www.bke.de
(hier können Ratsuchende die nächstgelegene Erziehungsberatungsstelle finden)

Fernsehen und Medien:
Programmberatung für Eltern e.V.
c/o Bayerische Landeszentrale für neue Medien (BLM)
Heinrich-Lübke-Straße 27, 81737 München
Fax 089 / 638 08-290
E-Mail: flimmo@blm.de

Hyperaktive Kinder/ADHS:
Bundesverband der Elterninitiativen zur Förderung hyperaktiver Kinder e.V.
Postfach 60, 91291 Forchheim
Telefon/Telefax: 09191/34874
E-Mail: BV-AH@t-online.de

Internet-Adressen zum Thema „Aufmerksamkeitsdefizit-Syndrom mit Hyperaktivität" (ADHS):
www.ads-hyperaktivitaet.de
www.hypies.de
www.zappelphilipp.de

Kinder im Leben begleiten

Patricia H. Berne / Louis M. Savary
Kinder brauchen Selbstvertrauen
Tipps und Ratschläge für Eltern
Band 5138

Mit Selbstvertrauen lassen sich die vielen Aufgaben des Lebens meistern. Wie man Kinder oft mit „Kleinigkeiten" unterstützen kann.

Roswitha Defersdorf
Deutlich reden, wirksam handeln
Kindern zeigen, wie Leben geht
Band 4829

Damit Kinder ihren Weg eigenständig und erfolgreich gehen lernen, brauchen sie Eltern, die eindeutig, klar und liebevoll sind.

Rudolf Dreikurs / Loren Grey
Kinder lernen aus den Folgen
Wie man sich Schimpfen und Strafen sparen kann
Band 4884

Vertrauen in die Fähigkeit der Kinder ist oft wirksamer als jeder elterliche Druck. Konsequentes und vernünftiges Handeln von Seiten der Eltern verhilft Kindern frühzeitig dazu, eigenständige Erfahrungen zu sammeln und mit der Freiheit richtig umzugehen.

Klaus Hurrelmann / Gerlinde Unverzagt
Kinder stark machen für das Leben
Herzenswärme, Freiräume, klare Regeln
Band 4937

Das „magische Dreieck", das Eltern hilft, innere Stärke und Selbstständigkeit wiederzugeben.

Marion Lemper-Pychlau / Maria Weisser
Erziehen mit Gefühl
Emotionale Intelligenz fördern und einsetzen
Band 5283

Oft reichen bloße Worte nicht aus: Wie Eltern einfühlsam helfen, emotionale Intelligenz zu entwickeln und innere Barrieren zu überwinden.